中华文化小史

秦汉小史

张荫麟 吕思勉 著

济南出版社

图书在版编目（CIP）数据

秦汉小史 / 张荫麟，吕思勉著. -- 济南：济南出版社，2025.3. -- ISBN 978-7-5488-7141-5

Ⅰ．K232.09

中国国家版本馆 CIP 数据核字第 2025P7T271 号

秦汉小史
QINHAN XIAOSHI

张荫麟 吕思勉 著

出 版 人	谢金岭
责任编辑	范玉峰 李 敏
	张冰心 孙梦岩
装帧设计	胡大伟

出版发行 济南出版社
地　　址 济南市市中区二环南路 1 号（250002）
总 编 室 0531-86131715
印　　刷 济南乾丰云印刷科技有限公司
版　　次 2025 年 3 月第 1 版
印　　次 2025 年 3 月第 1 次印刷
开　　本 145mm×210mm　32 开
印　　张 5
字　　数 111 千字
书　　号 ISBN 978-7-5488-7141-5
定　　价 29.80 元

如有印装质量问题 请与出版社出版部联系调换
电话：0531-86131736

版权所有 盗版必究

出版说明

张荫麟（1905—1942），号素痴，亦常作笔名，广东东莞人，著名学者、历史学家。他在清华大学求学时，与钱钟书、吴晗、夏鼐并称"文学院四才子"，先后发表学术文章40多篇，深受当时史学界称赞。赴美留学归来后，先后在清华大学、北京大学、西南联大等高校任教，1940年在浙江大学任教期间出版《中国史纲》一书。1942年英年早逝。梁启超、钱穆、熊十力等史学名家都曾给予张荫麟极高评价，认定其为新史学的领军人物。

吕思勉（1884—1957），字诚之，江苏常州人，著名历史学家，与钱穆、陈垣、陈寅恪并称为"现代中国四大史学家"（严耕望语）。毕生致力于历史研究和教育工作，代表作有两部通史（《白话本国史》《吕著中国通史》）、四部断代史（《先秦史》《秦汉史》《两晋南北朝史》《隋唐五代史》）和一部读史札记（《吕思勉读史札记》）等。严耕望、顾颉刚、谭其骧等史学名家都对吕思勉推崇备至，公认其为史学大家。

本书收录张荫麟、吕思勉两位史学大家关于秦汉时期历史的著述，张荫麟用讲故事的方式写出社会的变迁、经济的发展、思想的贡献及重大人物的活动，活泼生动，又富含思想内涵和理论深度；吕思勉则用简洁流畅的文字对政治、地理、社会、文化等进行统观论述，旁征博引，条理清晰，见解独到。他们的著述也有共同的特点，即最初都是作为通俗的历史普及读物发表的，都是经得起时间考验的史学经典，均形式活泼，讲述生动，通俗易懂，非常便于阅读。

将两位先生的著述辑为一册，如此编排和呈现，既能互文成趣、参照阅读，又能保持各自的独立性和系统性，为读者带来多层次的启发和阅读体验。

目 录

第一章　秦始皇与秦帝国 / 1
　　第一节　吕不韦与嬴政 / 1
　　第二节　六国混一 / 4
　　第三节　新帝国的经管 / 7
　　第四节　帝国的发展与民生 / 13

第二章　秦汉之际 / 18
　　第一节　陈胜之起灭 / 18
　　第二节　项羽与巨鹿之战 / 22
　　第三节　刘邦之起与关中之陷 / 25
　　第四节　项羽在关中 / 28
　　第五节　楚汉之战及其结局 / 32

第三章　大汉帝国的发展 / 36
　　第一节　纯郡县制的重建 / 36
　　第二节　秦汉之际中国与外族 / 40
　　第三节　武帝开拓事业的四时期 / 44

第四节　武帝的新经济政策 / 53

第四章　汉初的学术与政治 / 56
第一节　道家学说的全盛及其影响 / 56
第二节　儒家的正统地位之确立 / 63
第三节　儒家思想在武帝朝的影响 / 66

第五章　前汉的衰亡 / 70
第一节　汉武帝的内政 / 70
第二节　霍光废立和前汉的外戚 / 73

第六章　改制与"革命" / 77
第一节　外戚王氏的专权 / 77
第二节　哀帝朝的政治 / 79
第三节　从王莽复起至称帝 / 82
第四节　王莽的改革 / 86
第五节　新朝的倾覆 / 90
第六节　东汉的建立及其开国规模 / 95

第七章　后汉的兴衰 / 99
第一节　后汉的武功 / 99
第二节　后汉的外戚和宦官 / 102

第八章　后汉的灭亡和三国 / 106
第一节　后汉的乱源 / 106

第二节 汉末的割据和三国的兴亡 / 111

第九章 秦汉时代的政治和文化 / 120

第一节 官制 / 120

第二节 教育和选举 / 123

第三节 赋税 / 127

第四节 兵制 / 128

第五节 法律 / 131

第六节 武功 / 135

第十章 两汉的文化发展 / 139

第一节 两汉对外的交通 / 139

第二节 两汉的学术 / 142

第三节 佛教和道教 / 146

第四节 两汉的社会 / 149

第一章　秦始皇与秦帝国

第一节　吕不韦与嬴政

> 秦王扫六合，虎视何雄哉！飞剑决浮云，诸侯尽西来。
> 明断自天启，大略驾群才。收兵铸金人，函谷正东开。
> 铭功会稽岭，骋望琅琊台。刑徒七十万，起土骊山隈。
> 尚采不死药，茫然使心哀！连弩射海鱼，长鲸正崔嵬。
> 额鼻象五岳，扬波喷云雷。鬐鬣蔽青天，何由睹蓬莱？
> 徐市载秦女，楼船几时回？但见三泉下，金棺葬寒灰！
>
> （李白《古风》之一）

这首壮丽的诗是一个掀天揭地的巨灵的最好速写。这巨灵的来历，说来话长。

当长平之战前不久，有一个秦国王孙，名子楚的，被"质"在赵。他是太子安国君所生，却非嫡出，他的母亲又不得宠，因此赵人待他很冷薄，他连王孙的排场也苦于维持不住。但是阳翟（韩地）大贾吕不韦在邯郸做买卖，一看见他，便认为是"奇货可居"。

不韦见子楚，说道："我能光大你的门庭。"子楚笑道："你还是去光大自己的门庭罢！却来光大我的！"不韦说："你有所不知，我的门庭要等你的来光大。"子楚明白，便和他商量两家光大门庭的办法。原来安国君最爱幸的华阳夫人没有生育的希望，安国君还没有立嗣。不韦一面献上巨款，给子楚结交宾客，沽钓声色，一面挈了巨款，亲到秦国，替他运动。不久华阳夫人便收到许多子楚孝敬的珍宝，不久她便时常听到人称赞子楚的贤能，不久她的姊姊便走来替她的前途忧虑，大意说道："妹妹现在是得意极了。但可曾想到色衰爱弛的一天？到时有谁可倚靠！就算太子爱你到老，他百岁之后，继位的儿子，要和自己母亲吐气，你的日子就不好过。子楚对你的孝顺，却是少有的。何不趁如今在太子跟前能够说话的时候，把他提拔，将来他感恩图报，还不是同自己的儿子一般？"华阳夫人一点头，子楚的幸运便决定。

不韦回到邯郸时，子楚已成了正式的王太孙。不韦也被任为他的师傅。他们成功之后，不免用美人醇酒来庆祝一番。邯郸在战国以美女著名。不韦的爱姬，尤其是邯郸美女的上选，妙擅歌舞。有次她也出来奉酒，子楚一见倾心，便要不韦把她相让。不韦气得要死，但一想过去的破费和将来的利益，只得忍气答应。赵姬既归子楚，不到一年（正当长平之战后一年），产了一子，即是后来做秦王和秦始皇帝的嬴政。当时传说，赵姬离吕家之时，已经孕了嬴政。但看后来不韦所受嬴政的待遇，这传说多半是谣言。

嬴政于前246年即王位，才十三岁。这时不韦是食邑十万户的文信侯，位居相国；他从前的爱妾，已做了太后，并且和他私续旧欢。不韦的权势可以想象。他的政治野心不小，他招贤礼士，养客三千，打算在自己手中完成统一的大业。但嬴政却不是甘心做傀儡的。他即位第九年，太后的嬖夫嫪毐在咸阳反叛，他用神速的手段戡定了乱事以后，乘机把太后的政权完全褫夺；并且株连到吕不韦，将他免职，逐归本封的洛阳，过了两年，又把他贬到蜀郡。在忧忿夹攻之下，不韦服毒自杀。

不韦以韩人而执秦政，他所客养和援用的又多三晋人，和他结交的太后又是赵女。这种"非我族类"的势力是秦人所嫉忌的。不韦罢相的一年（秦王政十年），适值"郑国渠"事件发生，更增加秦人对外客的疑惧。郑国也是韩人，为有名的水利工程师。韩廷见亡国的大祸迫在眉睫，派他往秦，劝秦廷开凿一条沟通泾水和洛水的大渠，借此消磨秦的民力，延缓它的对外侵略。这渠才凿了一半，郑国的阴谋泄露。其后嬴政虽然听了郑国的话，知道这渠也是秦国的大利，把它完成，结果溉田百万多顷，秦国更加富强；但郑国阴谋的发现，使秦宗室对于游宦的外客振振有词。嬴政于是下了有名的"逐客令"，厉行搜索，要把外籍的游士统统赶走。这命令因为李斯的劝谏而取消。但不韦自杀后，嬴政到底把所有送他丧的三晋门客驱逐出境。可见逐客令是和不韦有关的，也可见不韦的坍台是和种族之见有关的。

第二节　六国混一

　　嬴政既打倒了吕不韦，收揽了秦国的大权，便开始图谋六国。这时，六国早已各自消失了单独抗秦的力量。不过它们的合从还足以祸秦。嬴政即位的第六年，秦国还吃了三晋和卫、楚的联军一次亏，当时大梁人尉缭也看到的，假如六国的君主稍有智慧，嬴政一不小心，会遭遇智伯、夫差和齐湣王的命运也未可知。但尉缭不见用于祖国，走到咸阳，劝嬴政道："愿大王不要爱惜财物，派人贿赂列国的大臣：来破坏他们本国的计谋，不过花三十万金，六王可以尽虏。"嬴政果然采纳了这策略。此后六国果然再不费一矢相助而静待嬴政逐个解决。

　　首先对秦屈服，希望以屈服代替牺牲，而首先受牺牲的是韩。秦王政十四年，韩王安为李斯所诱，对秦献玺称臣，并献南阳地。十七年秦的南阳守将举兵入新郑，虏韩王，灭其国。李斯赴韩之前，韩王派了著名的公子韩非入秦，谋纾国难，嬴政留非，想重用他。但不久听了李斯和另一位大臣的谗言，又把他下狱。口吃的韩非有冤没处诉，终于给李斯毒死在狱中。

　　韩亡后九年之间，嬴政以迅雷烈风的力量，一意东征，先后把其余的五国灭了。这五国的君主，连够得上说抵抗的招架也没有，鸡犬似的一一被缚到咸阳。只有侠士荆轲，曾替燕国演过一出壮烈的悲剧。

　　秦王政十九年，赵国既灭，他亲到邯郸，活埋了所有旧时母家的仇人；次年回到咸阳，有燕国使臣荆轲卑辞求觐，说要进献秦国逃将樊於期的首级和燕国最膏腴的地域督亢的地图。献图的意思就是要纳地。秦王大喜，穿上朝服，排起仪仗，立即传见。荆轲捧着头函，副使秦舞阳捧着地图匣以次上殿。秦舞阳忽然股栗色变，廷臣惊怪，荆轲笑瞧了舞阳，上前解释道："北番蛮夷的鄙人，未曾见过天子，所以惶恐失措，伏望大王包容，俾得完成使事。"秦王索阅地图，荆轲取了呈上。地图展到尽处，匕首出现！荆轲左手把着秦王的袖，右手抢过匕首，就猛力刺去，但没有刺到身上，秦王已断袖走开。秦王拔剑，但剑长鞘紧，急猝拔不出，荆轲追他，两人绕柱而走。秦廷的规矩，殿上侍从的人，不许带兵器，殿下的卫士，非奉旨不许上殿。秦王忙乱中没有想到殿下的卫士，殿上的文臣，哪里是荆轲的敌手。秦王失了魂似的只是绕着柱走。最后，侍臣们大声提醒了他，把剑从背后顺力拔出，砍断了荆轲的左腿。荆轲便将匕首向他掷去，不中，中铜柱。这匕首是用毒药炼过的，微伤可以致命。荆轲受了八创，已知绝望，倚柱狂笑，笑了又骂，结果被肢解了。

风萧萧兮易水寒，
壮士一去兮不复还！

这是荆轲离开燕国之前，在易水边的别筵上，当着满座白衣冠的送客，最后唱的歌，也可以做他的挽歌。

荆轲死后六年（前221年）当秦王政在位的第二十六年而六国尽灭。于是秦王政以一道冠冕堂皇的诏令，结收五个半世纪的混战局面，同时宣告新帝国的成效。那诏书道：

……异日韩王约地效玺，请为藩臣。寡人以为善，庶几息兵革。已而倍约，与赵、魏合从畔秦，故兴兵诛之，

> 虏其王。赵王使其相李牧来约盟，故归其质子。已而倍盟，反我太原，故兴兵诛之，得其王。赵公子嘉乃自立为代王，故举兵击灭之。魏王始约服入秦。已而与韩、赵谋袭秦，秦兵吏诛，遂破之。荆王献青阳以西，已而畔约，击我南郡，故发兵诛，得其王，遂定荆地。燕王昏乱，其太子丹乃阴令荆轲为贼，兵吏诛灭其国。齐王用后胜计，绝秦使，欲为乱，兵吏诛，虏其王，平齐地。

所有六国的罪状，除燕国的外，都是制造的。诏书继续说道：

> 寡人以眇眇之身，兴兵诛暴乱，赖宗庙之灵，六王咸伏其辜，天下大定。今名号不更，无以称成功，传后世。其议帝号。……

在睥睨古今、踌躇满志之余，嬴政觉得一切旧有的君主称号都不适用了。

战国以前，人主最高的尊号是王，天神最高的尊号是帝。自从诸侯称王后，王已失了最高的地位，于是把帝拉下来代替，而别以本有光大之义的"皇"字称最高的天神。但自从东西帝之议起，帝在人间，又失去最高的地位了。很自然的办法，是把皇字挪下来。秦国的神州里有天皇、地皇、泰皇，而泰皇为最贵。于是李斯等上尊号作泰皇。但嬴政不喜欢这旧套，把泰字除去，添上帝字，合成"皇帝"；又废除周代通行的谥法（于君主死后，按其行为，追加名号，有褒有贬的），自称为"始皇帝"，预定后世计数为二世皇帝，三世皇帝，"至千万世，传之无穷"。

同时始皇又接受了邹衍的学说，以为周属火德，秦代周，应当属克火的水德；因为五色中和水相配的是黑色，于是把礼服和旌旗皆用黑色；又因为四时中和水相配的是冬季，而冬季始自十月，于是改以十月为岁首。邹衍是相信政治的精神也随着五德而转移的。他的一些信徒认为与水德相配的政治应当是猛烈苛刻的政治，这正中始皇的心怀。

第三节　新帝国的经管

秦自变法以来，侵略所得的土地，大抵直隶君主，大的置郡，小的置县，郡县的长官都非世职，也无世禄。始皇沿着成例，每灭一国，便分置若干郡。而秦变法以来新设的少数封区，自从嫪毐和吕不韦的诛窜已完全消灭，既吞并了六国，秦遂成为一个纯粹郡县式的大帝国。当这帝国成立之初，丞相绾主张仿周朝的办法于燕、齐、楚等僻远的地方，分封皇子，以便镇慑，但他的提议给李斯打消了。于是始皇分全国为三十六郡，每郡置守，掌民政；置尉，掌兵事；置监御史，掌监察。这种制度是仿效中央政府的。当时朝里掌民政的最高官吏有丞相，掌兵事的最高官吏有太尉，掌监察的最高官吏有御史大夫。

这三十六郡的名称和地位是现今史家还没有完全解决的问题。大概地说，秦在开国初的境域，北边包括今辽宁的南部、河北、山西及绥远、宁夏两省的南部，西边包括甘肃和四川两省的大部分，南边包括湖南、江西和福建，东以福建至辽东的海岸为界。从前臣服于燕的朝鲜，也成为秦的藩属。此外西北和西南边外的蛮夷君长称臣于秦的还不少。我们试回想姬周帝国初建时，西则邦畿之外，便是边陲，南则巴蜀、吴、楚皆属化外，沿海则有徐戎、淮夷、莱夷盘踞，北则燕、晋已与戎狄杂处；而在这范围里，除了"邦畿千里"外，至少分立了一百三十以上的小国。我们拿这种情形和三十六郡一统的秦帝国比较，便知道过去八九百年间，诸夏民族地盘的扩张和政治组织的进步了。峄山的始皇纪功石刻里说：

> 追念乱世，分土建邦，以开争理。攻战日作，流血于野。自泰古始，世无万数，陁及五帝，莫能禁止。乃今皇帝，壹家天下，兵不复起。灾害灭除，黔首康定，利泽长久。

这些话一点也没有过火。

在这幅员和组织都是空前的大帝国里，怎样永久维持皇室的统治权力，这是始皇灭六国后面对着的空前大问题，且看他如何解答。

帝国成立之初，始皇令全国"大酺"来庆祝（秦法平时是禁三人以上聚饮的）。当众人还在醉梦的时候，他突然宣布没收民间一切的兵器。没收所得，运到咸阳，铸成无数大钟和十二个各重一千石以上的"金人"，放在宫廷里。接着他又把全国最豪富的家族共十二万户强迫迁到咸阳，放在中央的监视之下，没有兵器，又没有钱财，人民怎能够作得起大乱来？

次年，始皇开始一件空前的大工程：建筑脉通全国的"驰道"，分两条干线，皆从咸阳出发，其一东达燕、齐，其一南遂吴、楚。道宽五十步，道旁每隔三丈种一株青松，路身筑得坚而且厚，遇着容易崩坏的地段，并且打下铜桩。这宏大的工程，乃是始皇的军事计划的一部分。他灭六国后防死灰复燃，当然不让各国余剩的军队留存。但偌大的疆土若把秦国原有的军队处处分派驻守，则分不胜分。而且若分得薄，一旦事变猝起，还是不够应付；若分得厚，浸假会造成外重内轻的局面。始皇不但不肯采用重兵驻防的政策，并且把旧有六国的边城，除燕、赵北边的外，统统拆毁了。他让秦国原有的军队，依旧集中在秦国的本部，少数的地方兵只是警察的性质。驰道的建筑，为的是任何地方若有叛乱，中央军可以迅速赶到去平定。历来创业之主的军事布置没有比始皇更精明的了。（1896年李鸿章聘使欧洲，过德国，问军事于俾斯麦，他的劝告有云："练兵更有一事须知：一国的军队不必分驻，宜驻中权，扼要地，无论何时何地，有需兵力，闻令即行，但行军的道路，当首先筹及。"这正是秦始皇所采的政策。）

　　武力的统治不够，还要加上文化的统治；物质的缴械不够，还要加上思想的缴械。始皇三十四年（始皇即帝位后不改元，其纪年通即王位以来计），韩非的愚民政策终于实现。先是始皇的朝廷里，养了七十多个儒生和学者，叫作博士。有一次某博士奉承了始皇一篇颂赞的大文章，始皇读了甚为高兴，另一位博士却上书责备作者的阿谀，并且是古非今地对于郡县制度有所批评。始皇征问李斯的意思。李斯覆奏道：

　　　　古者天下散乱，莫之能一。是以诸侯并作，语皆道古以害今，饰虚言以乱实，人善其所私学，以非上所建立。今陛下并有天下，别白黑而定一尊。而私学乃相与非法教人,闻令下,即各以其私学议之,入则心非,出则巷议,非主以为名,异趣以为高,率群下以造谤。如此不禁,则主势降乎上,党与成乎下。禁之便。臣请诸有文学《诗》《书》百家语者,蠲除去之。令到,满三十日弗去,黥为城旦(城旦者,旦起行治城,四岁刑)。所不去得,医药、卜筮、种树之书。若有欲学,以吏为师。

始皇轻轻地在奏牍上批了一个"可"字,便造成了千古叹恨的文化浩劫。

以上讲的是始皇内防反侧的办法。现在再看他外除边患的努力。

自从战国中期以来,为燕、赵、秦三国北方边患的有两个游牧民族,东胡和匈奴——总名为胡。东胡出没于今河北的北边和辽宁、热河一带,受它寇略的是燕、赵。匈奴出没于今察哈尔、绥远和山西、陕、甘的北边一带,燕、赵、秦并受它寇略。这两个民族,各包涵若干散漫的部落,还没有统一的政治组织。它们在战国中期以前的历史十分茫昧。它们和春秋时代各种名色的戎狄似是同一族类,但是否为这些戎狄中某部分的后身,若否则和各种戎狄间的亲谊是怎样,现在都无从稽考了。现在所知道秦以前的胡夏的关系史只有三个攘胡的人物的活动。第一个是和楚怀王同时的赵武灵王。他首先采用胡人的特长,来制胡人;首先脱却长裙拖地的国装,而穿上短衣露袴的胡服,以便学习骑战。他领着新练的劲旅,向沿边的匈奴部落进攻,把国土向西北拓展;在新边界上,筑了一道长城,从察哈尔的蔚县东北(代)至河套的西北角外(高阙);并且沿边设了代、雁门和云中三郡。第二个攘胡的英雄是秦舞阳（随荆轲入秦的副使）的祖父秦开。他曾被"质"在东胡，甚得胡人的信任。归燕国后，他率兵袭击东胡，把他们驱逐到一千多里外。这时大约是乐毅破齐前后。接着燕国也在新边界上筑一道长城，从察哈尔宣化东北（造阳）至辽宁辽阳县北（襄平）；并且沿边设了上谷、渔阳、右北平、辽西和辽东五郡。秦开破东胡后，约莫三四十年，赵有名将李牧，戍雁门、代郡以备胡。他经了长期敛兵坚守，养精蓄锐，然后乘着匈奴的骄气，突然出战，斩了匈奴十多万骑，此后十几年间，匈奴不敢走近赵边。

　　当燕、赵对秦作最后挣扎时，无暇顾及塞外。始皇初并六国，忙着辑绥内部，也暂把边事抛开。因此胡人得到复兴的机会。旧时赵武灵王取自匈奴的河套一带，复归于匈奴。始皇三十二年，甚至听到"亡秦者胡"的谶语。于是始皇派蒙恬领兵三十万北征。不久把河套收复，并且进展至套外，始皇将新得的土地，设了九原郡。为谋北边的一劳永逸，始皇于三十三、四年间，又经始两件宏大的工程：其一是从河套外的九原郡治，筑了一条"直道"达到关内的云阳（今陕西淳化县西北，从此至咸阳有泾、渭可通），长一千八百里；其二是把燕、赵北界的长城，和秦国旧有的西北边城，大加修葺，并且把它们连接起来，傍山险，填溪谷，西起陇西郡的临洮（今甘肃岷县境），东迄辽东郡的碣石（在渤海岸朝鲜境），成功了有名的"万里长城"。

　　始皇的经营北边有一半是防守性质，但他的开辟南徼，则是纯粹的侵略。

现在的两广和越南，在秦时是"百越"（越与粤通）种族所居。这些种族和浙江的於越，大约是同出一系的，但文化则较於越远为落后。他们在秦以前的历史完全是空白。在秦时，他们还过着半渔猎、半耕稼的生活；他们还仰赖中国的铜铁器，尤其是田器。他们还要从中国输入马、牛、羊，可见牧畜业在他们中间还没发达。不像北方游牧民族的犷悍，也没有胡地生活的艰难，他们绝不致成为秦帝国的边患。但始皇却不肯放过他们。灭六国后不久（二十六年？）即派尉屠睢领着五十万大军去征百越，并派监禄凿渠通湘、漓二水（漓水是珠江的上游），以便输运。秦军所向无敌，越人逃匿于深山丛林中。秦军久戍，粮食不继，士卒疲饿。越人乘机半夜出击，大败秦军，杀屠睢。但始皇续派援兵，终于在三十三年，把百越平定，将他们的土地，分置南海郡、桂林郡和象郡（南海郡略当今广东省，桂林郡略当广西，象郡略当越南中北部）。百越置郡之后，当时中国人所知道的世界差不多完全归到始皇统治之下了。琅琊台的始皇纪功石刻里说：

  六合之内，皇帝之土。西涉流沙，南尽北户，东有东海，北过大夏。人迹所至，无不臣者。

至是竟去事实不远了。

  以上所述一切对外对内的大事业，使全国瞪眼咋舌的大事业，是始皇在十年左右完成的。

第四节　帝国的发展与民生

像始皇的励精刻苦，在历代君主中，确是罕见，国事无论大小，他都要亲自裁决，有一个时期，他每日用衡石秤出一定分量的文牍，非批阅完了不肯休息。他在帝位的十二年中，有五年巡行在外；北边去到长城的尽头——碣石，南边去到衡山和会稽岭。他觉得自己的劳碌，无非是为着百姓的康宁。他对自己的期待，不仅是一个英君，而且是一个圣主。他唯恐自己的功德给时间湮没。他二十八年东巡时，登峄山，和邹鲁的儒生商议立石刻词，给自己表扬；此后，所到的胜地，大抵置有同类的纪念物。我们从这些铭文（现存的有峄山、泰山、之罘、琅琊、碣石、会稽六处的刻石文；原石唯琅琊的存一断片）可以看见始皇的抱负，他"夙兴夜寐，建设长利，专隆教诲"。他"忧恤黔首（秦称庶民为黔首），朝夕不懈"。他"功盖五帝，泽及牛马"。而且他对于礼教，也尽了不少的力量。他明立法："饰省宣义，有子而嫁，倍死不贞；防隔内外，禁止淫泆，男女洁诚；夫为寄豭，杀之无罪，男秉义程；妻为逃嫁，子不得母，咸化廉清；大治濯俗，天下承风，蒙被休经。"在他自己看来，人力所能做的好事，他都做了。而且他要做的事，从没有做不到的。他从没有一道命令，不成为事实。从没有一个抗逆他意旨的人，保得住首领。他唯一的缺憾就是志愿无尽，而生命有穷。但这也许有补救的办法。海上不据说有仙人所居的蓬莱、方丈、瀛洲三岛吗？仙人不有长生不死的药吗？他即帝位的第三年，就派方士徐福（一作市，音同）带着童男女数千人，乘着楼船，入海去探求这种仙药，可惜他们一去渺无消息（后来传说徐福到了日本，为日本人的祖先，那是不可靠的）。续派的方士回来说，海上有大鲛鱼困住船只，所以到不得蓬莱。始皇便派弓箭手跟他们入海，遇着这类可恶的动物便用连弩去射。但蓬莱还是找寻不着。

始皇只管忙着去求长生，他所"忧恤"的黔首却似乎不识好歹，只盼望他速死！始皇三十六年，东郡（河北、山东毗连的一带），落了一块陨石，就有人在上面刻了"始皇帝死而地分"七个大字。

始皇能焚去一切《诗》《书》和历史的记录，却不能焚去记忆中的六国亡国史；他能缴去六国遗民的兵器，却不能缴去六国遗民（特别是一班遗老遗少）的亡国恨；他能把一部分六国的贵族迁到辇毂之下加以严密的监视，却不能把全部的六国遗民同样处置。在旧楚国境内就流行着"楚虽三户，亡秦必楚"的谚语。当他二十九年东巡行到旧韩境的博浪沙（在今河南阳武县东南）中时，就有人拿着大铁椎向他狙击，中了副车，只差一点儿没把他击死。他大索凶手，竟不能得。

而且始皇只管"忧恤黔首"，他的一切丰功烈绩，乃是黔首的血泪造成的！谁给他去筑"驰道"，筑"直道"，凿运渠？是不用工资去雇的黔首！谁给他去冰山雪海的北边伐匈奴，修长城，守长城？谁给他去毒瘴严暑的南荒，平百越，戍新郡？谁给他运转饷，供给这两方的远征军？都是被鞭朴迫促着就道的黔首！赴北边的人，据说，死的十有六七；至于赴南越的，因为不服水土，情形只有更惨，人民被征发出行不论去从军，或去输运，就好像被牵去杀头一般，有的半途不堪虐待，自缢在路边的树上。这样的死尸沿路不断地陈列着。最初征发的是犯罪的官吏、"赘婿"和商贾；后来推广到曾经做过商贾的人；最后又推广到"闾左"——居住在里闾左边的人（赘婿大概是一种自己卖身的奴隶，即汉朝的赘子。商人尽先被征发是始皇压抑商人的手段之一。战国时代，法家和儒家的荀子，都认商人为不事生产而剥削农民的大蠹，主张重农抑商，这政策为始皇采用。琅琊刻石有"上农除末"之语，"闾左"在先征之列者，盖春秋战国以来，除楚国外习俗忌左，居住在闾左的，大抵是下等人家）。征发的不仅是男子，妇女也被用去运输；有一次南越方面请求三万个"无夫家"的女子去替军士缝补，始皇就批准了一万五千。计蒙恬带去北征的有三十万人，屠睢带去南征的有五十万人，后来添派的援兵和戍卒，及前后担任运输和其他力役的工人，当在两军的总数以上。为这两方面的军事，始皇至少摧残了二百万家。

　　这还不够。始皇生平有一种不可多得的嗜好——建筑的欣赏。他东征以来，每灭一国，便把它的宫殿图写下来，在咸阳渭水边的北阪照样起造。后来又嫌秦国旧有的朝宫（朝会群臣的大礼堂）太过狭陋，要在渭南的上林苑里另造一所，于三十五年动工。先在阿房山上作朝宫的前殿；东西广五百步，南北长五十丈，上层可以坐一万人，下层可以树五丈的大旗。从殿前筑一条大道，达到南山的极峰，在上面树立华表，当作朝宫的阙门，从殿后又筑一条大道，渡过渭水，通到咸阳。先时始皇即王位后，便开始在骊山建筑自己的陵墓，灭六国后拨了刑徒七十余万加入工作；到这时陵墓大半完成，乃分一部分工人到阿房去。这两处工程先后共用七十余万人，此外运送工粮和材料（材料的取给远至巴蜀荆楚）的夫役还不知数。这些却多半是无罪的黔首。

这还不够。上说种种空前的兵役和工程所需的粮饷和别项用费,除了向黔首身上出,还有什么来源?据说始皇时代的赋税,要取去人民收入的三分之二。这也许言之过甚,但秦人经济负担的酷重,却是可想见的了。

这还不够。苦役重税之上,又加以严酷而且滥用的刑罚,秦的刑法,自商鞅以后,在列国当中,已是最苛的了。像连坐、夷三族等花样,已是六国的人民所受不惯的。始皇更挟着虓虎的威势,去驭下临民。且看几件他杀人的故事。有一回他从山上望见丞相李斯随从的车骑太多,不高兴。李斯得知,以后便把车骑减少,始皇追究走漏消息的人不得,便把当时在跟前的人统统杀了。又东郡陨石上刻的字被发现后,始皇派御史去查办,不得罪人,便命把旁边的居民统统杀了。又一回,有两个方士不满意于始皇所为,暗地讪谤了他一顿逃去。始皇闻之大怒,又刺探得别的儒生对他也有不敬的话,便派御史去把咸阳的儒生都召来案问。他们互相指攀,希图免罪,结果牵涉了四百六十人,始皇命统统地活埋了。这便是有名的"坑儒"事件。始皇的执法如此,经过他的选择和范示,郡县的官吏就很少不是酷吏了。

始皇的长子扶苏,却是一个蔼然仁者,对于始皇的暴行,大不谓然。当坑儒命令下时,曾替诸儒缓颊,说他们都是诵法孔子的善士,若绳以重法,恐天下不安。始皇大怒,把他派去北边监蒙恬的军。但二世皇帝的位,始皇还是留给他的。及三十七年七月,始皇巡行至沙丘(今河北平乡县东北)病笃,便写定遗书,召他回咸阳会葬,并嗣位。书未发而始皇死。书和玺印都在宦官赵高手。而始皇的死只有赵高、李斯和别几个宦官知道。赵高和蒙恬有仇隙，而蒙恬是太子的亲信，李斯也恐怕蒙恬夺去他的相位。于是赵李合谋，秘不发丧，一面把遗书毁了，另造两封伪昭，一传位给公子胡亥（当时从行而素与赵高亲愿的），一赐扶苏、蒙恬死。后一封诏书到达时，扶苏便要自杀，蒙恬却疑心它是假的，劝扶苏再去请示一遍，然后自杀不迟。扶苏说："父亲要赐儿子死，还再请示什么？"立即自杀。

胡亥即二世皇帝位时，才二十一岁。他别的都远逊始皇，只有在残暴上是"跨灶"的。赵高以拥戴的首功最受宠信，他处处要营私，只有在残暴上是胡亥的真正助手。在始皇时代本已思乱的人民，此时便开始摩拳擦掌了。

第二章　秦汉之际

第一节　陈胜之起灭

二世皇帝元年七月，在旧楚境的蕲县大泽乡停留着附近被征发去防守渔阳的闾左兵九百人。适值大雨，道路不通。这队伍已无法如期达到指定的处所。照当时的法律，将校误期，要被处斩。有两位下级将校陈胜和吴广，便秘密图谋免死的办法。他们想当今的二世皇帝并不是依法当立的，当立的乃是公子扶苏，百姓多称赞他的贤惠，却不知道他已死；又从前楚国最后抗秦而死的名将项燕，亲爱士卒，很得民心，民间传说他还活着，假如冒称扶苏项燕起兵，响应的必定很多。他们去问卜，卜者猜到来意，连称大利；最后并说道，你们何不再向鬼神占卜一下？二人会意。

不几天，兵士买鱼，忽然在鱼肝里得着一小卷绢帛，上面写着朱字道："陈胜王。"晚间兵士又忽然发现附近树林中的神祠有了火光，同时怪声从那里传来，像狐狸作人语道："大楚兴，陈胜王。"这种怪声每每把兵士们从梦中惊醒。从此他们遇到陈胜每每指目着他窃窃私语。

有一天统领官喝醉了酒，吴广在旁，出言特别不逊。统领官大怒，鞭了他一顿，又把剑拔出。吴广素来很得兵士心，在旁的兵士都替他不平。他抢过了剑，把统领官杀掉。陈胜帮着他，把另外两个将官也结果了。陈、吴号召军中，大意说道："你们因为大雨，已误了期，误了期就是处斩。即使不处斩，去戍守长城，也是十有六七要死的。大丈夫不死便了，死就要成个大名。王侯将相难道是有种的吗？"在全军喧豗应和之下，陈吴二人以扶苏和项燕的名义树起革命的旗帜。军士袒着右臂，自号大楚。陈胜自立为将军，吴广为都尉。

旬日之间大泽乡、蕲县、陈城和附近若干县城，皆落在革命军之手。而革命军在进攻陈城之时已有车六七百乘，骑千余，步卒数万人了。陈城在战国末年曾一度为楚国都，革命军即以此为根据地。先是魏遗民大梁名士张耳、陈余为秦廷悬赏缉捕，变姓名隐居于陈。陈胜既入陈，二人进谒。是时陈中父老豪杰正议推陈胜为王。二人却劝陈胜暂勿称王，而立即领兵西进，同时派人立六国王室之后，以广树秦敌，使秦的兵力因敌多而分散，因分散而薄弱，然后乘虚入据咸阳，以号令诸侯，诸侯感再造之德，必然归服，如此则帝业可成。陈胜不听，遂受推戴为张楚王，都于陈，以吴广为"假王"（假有副贰之意）。

自陈胜发难后，素日痛恨秦吏的郡县，随着事变消息的传到，纷纷戕杀守长，起兵响应。特别是在旧楚境内，几千人成一伙的不可胜数。陈胜遣将招抚略地，分途进取，举其要者，计有六路：（1）符离人葛婴略蕲以东；（2）陈人武臣及张耳、陈余略赵地；（3）魏人周市略魏地；（4）吴广西系荥阳；（5）陈人周文（为一卜者，故项燕僚属）西进，向函谷关；（6）铚人宋留取道南阳向武关。

葛婴至东城，立襄强为楚王，后来闻得陈胜已立为张楚王，乃杀襄强，归陈覆命，陈胜诛之。

武臣到邯郸即自立为赵王，分命张耳、陈余为将相。陈胜闻讯大怒，把三人的家属拘捕，将加诛戮，继而听了谋士的劝谏，又把他们迁到宫中，而派人去给武臣等道贺，并请他们速即进兵关中。他们哪里肯听，却派韩广去略取燕地。韩广至燕，旋即自立为燕王。

周市定了魏地，东进至齐，时齐王室之后田儋已自立为齐王，以兵拒之，市军败散，还归魏，魏人推戴他为王，他不肯，却要立魏王室之后魏咎，时咎在陈胜军中，市派人迎之，往返五次，陈胜才答应放他赴魏。

武臣之立在八月，韩广、田儋之立在九月。周文军越过函谷关到达戏亦在九月。戏离咸阳不到一百里，而此时周文的军队已增加到兵卒数十万、车千余乘了。东方变乱的真情，赵高一直瞒着二世，到这时已瞒不住了。可是秦廷有什么办法呢？帝国的军队几乎尽在北边和南越，急猝间调不回来，咸阳直是一座空城，只得赦免在骊山工作的刑徒，并解放奴隶所生的男子，派章邯带去应战。周文军来势虽盛，却经不起章邯一击便败走出关，章邯追至渑池，又大破之。周文自刎死，其军瓦解，这是二世二年十一月的事（秦以十月为首，二年十一月在是年正月之前，下仿此）。

章邯乘胜东下。先是吴广围荥阳不下，其部将田臧等私计，秦兵早晚要到，那时前后受敌，必无幸理，不如留少数军队看守住荥阳，而用全部精兵去迎击章邯；他们认为吴广骄不知兵，不足与谋，假托陈王的命令把他杀掉，并把他的首级传送至陈。陈王拜田臧为上将，并赐以楚令尹的印信。田臧迎击章邯于敖仓，一战败死。章邯进击至陈西，陈王出监战军败遁走，他的御者某把他杀掉，拿他的首级去投降。这是十二月的事。

陈胜，字涉，少时在田间做工。有一次放下锄头叹气痴想了许久，却对一个同伴说道："有一天我富贵了，定不会忘记你。"那位同伴笑道："你做长工，怎样富贵法？"后来陈胜做了张楚王，这位同伴便去叩阍求见，阍人几乎要把他缚起来，凭他怎样解释总不肯给他传达。他等陈胜驾出，拦路叫喊，陈胜认得他，把他载归宫里。他看见殿堂深邃，帷帐重叠，不禁嚷道："夥颐！涉大哥为王！沉沉的！"楚人叫多为夥颐。由此"夥涉为王"，传为话柄。这客人出入王宫，洋洋自得，谈起陈胜的旧事，如数家珍。有人对陈胜说：这客人无知妄言，轻损王威，陈胜便把他杀掉。由此陈胜的故旧尽皆退避。

宋留已定南阳。南阳人闻陈胜死，复叛归于秦。宋留既无法入武关，东还至新蔡与秦军遇，解甲投降，秦又把他解到咸阳，车裂示众。

章邯既破陈胜，进击魏王咎于临济，围其城。六月，齐王田儋救临济，败死。同月魏咎自杀，临济降于秦。其后儋子市继立为齐王，咎弟豹继立为魏王。

第二节　项羽与巨鹿之战

项燕的先人累世做楚将，封于项，因以项为氏，而家于下相。项燕有子名项梁，梁有侄名项藉字羽。项羽少时学书不成，弃去；学剑，又不成。项梁怒责他。他说：书写只可以记姓名罢了，剑是一人敌，也不值得学，要学万人敌！项梁于是教他兵法。他略通大意，再不深求。项梁曾因事杀人，带着项羽，逃匿于吴（今吴县，秦会稽郡治），吴中名士大夫都奉他为领袖，遇着地方有大徭役或大丧事，每请项梁主办，项梁暗中用兵法部勒宾客子弟，因此他的干才为人所知。项羽长成，身材魁岸，力能扛鼎，尤为吴中子弟所敬畏。

二世元年九月，会稽郡守和项梁商议起兵响应陈涉，打算派项梁和某人为将，是时某人逃匿山泽中。项梁说，只有他的侄子知道某人所在。说完，离座外出，对项羽嘱咐了一番，又走进来，请郡守传见项羽，使召某人。项羽进见后，项梁向他使个眼色，说道："可以了！"项羽拔剑，砍下郡守的头。项梁拿着郡守的首级，佩了他的印绶。项羽连杀了好几十人，阖署慑伏听命，共奉项梁为会稽守。项梁收召徒众，得八千人。项羽为裨将，时年二十四。

二世二年二月项梁叔侄率兵渡江而西。先是广陵人召平为陈胜取广陵不下，闻陈胜败走。秦兵将到，渡江至吴，假传陈胜之命，拜项梁为上柱国。项梁一路收纳豪杰，到了下邳（今江苏邳县）已有了六七万人。离下邳不远，在彭城之东，有秦嘉所领的一支义军，奉景驹（旧楚贵族景氏之后）为楚王。是时陈胜的下落，众尚不知。项梁声言秦嘉背叛陈王擅立景驹大逆不道，即进击之。秦嘉败死，军降，景驹走死。

既而项梁得知陈胜确实已死，乃从居巢老人范增之策，访得楚王之孙（名心）于牧场中，立以为王，仍号楚怀王，都于盱眙（安徽今县），项梁自号武信君；这是六月的事。

自四月至八月间，项梁军叔侄与秦军转战于今苏北、鲁南及豫东一带，连获大捷。项梁由此轻视秦军，时露骄色，部下宋义劝谏他道：战胜而将骄卒惰乃是败征；现在士卒已渐形怠懈，而秦兵日增，大可忧虑。项梁不以为意。九月章邯得到关中派来众盛的援兵之后，还击楚军，大破之于定陶，项梁战死。

章邯破项梁军，认为楚地无足忧虑，乃渡河击赵。先是赵地内乱，武臣被杀，张耳、陈余访得赵王室之后赵歇，继立为赵王，居信都。章邯入邯郸，迁其民于河内，夷其城郭。张耳与赵王走入巨鹿城，章邯使王离围之，而自军于巨鹿南。陈余北收兵于常山得数万人，军于巨鹿北。巨鹿城被围数月，粮乏兵单，危在旦夕，救援于陈余，而陈自以力薄非秦敌，按兵不肯动。

项梁死后，楚军集中于彭地附近，怀王亦移节于彭城。巨鹿围急，求救于诸侯，怀王拟派兵赴之。宋义自预言项梁之败而中，以知兵名于楚军。怀王召他来筹商，听了他的议论，大为赞赏，派他为援赵军的统帅，称上将军，以长安侯项羽为次将军，范增末将。宋义行至安阳（河南今县），逗留四十六日不进，项羽主张急速渡河，与赵军内外夹击秦军。宋义却主张先让赵、秦决战；然后秦胜则乘其疲敝而击之，秦败则引兵西行，乘虚袭取咸阳。于是严申军令，禁止异动。宋义派其子某为齐相，大排筵席为其饯行。是时岁荒粮绌，又适值天寒大雨，士卒饥冻。项羽昌言军中，责备宋义但顾私图，不恤士卒，不忠楚王。一天早晨，项羽朝见宋义，就在帐中把他的头砍下，号令军中；说他通齐反楚，奉怀王令把他诛戮。诸将尽皆慑服，共推他为"假上将军"。项羽使人报告怀王，怀王就派他代为上将军。自杀了宋义之后，项羽威震楚国，名闻诸侯。

项羽既受了援赵军统帅之任，立即派二万人渡河救巨鹿，先锋连获小胜，陈余又请添兵。项羽于是率全军渡河。既渡，凿沉船只，破毁釜甑，焚烧房舍，令士卒每人只带三日粮，示以决死无归还之心。既至巨鹿，反围王离，九战秦军，绝其粮道，大破之，王离被虏，其部下要将或战死或自杀。这是二世三年十二月的事。先是诸侯援军营于巨鹿城外的，不下十几个壁垒，都不敢出战。及楚军开始进攻，诸侯军将领皆从壁上观看。楚兵无不以一当十，呐喊声动天地，诸侯军士卒无不心惊胆震。项羽既破秦军，召见诸侯军将领，他们将入辕门，个个膝行而前，不敢抬头瞧望。于是项羽成了联军的统帅，诸侯军将领皆隶他麾下。

是时章邯尚军于巨鹿南，外见迫于项羽，内受二世的责备，又见疾于赵高，陷入进退维谷之境。陈余乘机投书给他，说道：

> 白起为秦将，南征鄢郢，北阬马服（马服谓赵将马服君赵奢之子括，此指长平之战），攻城略地，不可胜计，而竟赐死。蒙恬为秦将，北逐戎人，开榆中地数千里，竟斩阳周。何者？功多，秦不能尽封，因以法诛之。今将军为秦将三岁矣，所失亡以十万数，而诸侯并起，滋益多。彼赵高素谀日久，今事急，亦恐二世诛之，故欲以法诛将军以塞责，使人更代将军，以脱其祸。夫将军居外久，多

内隙，有功亦诛，无功亦诛。且天之亡秦，无愚智皆知之。今将军内不能直谏，外为亡国将，孤特独立，而欲常存，岂不哀哉！将军何不还兵，与诸侯为纵，约共攻秦，分王其地，南面称孤，此孰与身伏锧，妻子为戮乎？

章邯得书，心中更加狐疑，秘密派人和项羽议降。议未成，项羽连接进击章邯军，大破之。章邯遂决意投降。项羽以军中粮绌，许之。二世三年七月，章邯与项羽相会于洹水南殷墟上（即今安阳殷墟），立盟定约。章邯与项羽言及赵高事，为之泪下。

第三节　刘邦之起与关中之陷

当怀王派定了宋义等北上援赵之际，又派砀郡长武安侯刘邦西行略地，向关中进发。

刘邦，字季，泗川郡沛县（江苏今县）人。家世寒微。从少却不肯学习生产技艺。壮年做了本县的泗水亭长（秦制若干户为一里，十里为一亭，十亭为一乡）。他使酒好色，却和易近人，疏财乐施，县署的属吏，常给他嘻嘻哈哈地大开玩笑。有一次县长的旧友吕公来沛县做客，县中属吏都去拜贺，萧何替他收礼，声明贺礼不满千钱的坐在堂下。刘季骗阍人道："贺礼万钱！"实在不名一钱。阍人领了他进来，吕公一见，看了他的相貌大为惊讶，特加敬重。萧何笑道：刘季只会吹牛，本领有限。刘季满不在乎地据了上位，嘲弄座客，言语之间，一点也没有屈服。酒罢，吕公暗中使眼色留他。客散之后，吕公对他说，生平喜欢看相，看过的相也不少，从未见过他这样好的相貌，望他自爱。就在这一次叙会中，吕公把女儿许嫁了给他，后来吕婆虽严重抗议也无效。

秦朝初年征各地刑徒赴骊山工作。沛县的刑徒，由泗水亭长押去。这些刑徒半路逃脱了许多。刘季预计到得骊山时，他们势必跑个精光。行至丰县西泽中，停下痛饮；半夜，把剩下的刑徒通通放了，自己也准备逃亡。刑徒中有十几个壮汉要跟随他。刘季于是领了这班人匿在亡、砀两县的山泽岩石之间。他们所以维持生活的方法似乎是不很名誉的，所以历史上没有交代。

陈胜发难后，沛县令打算响应。县吏萧何和曹参替他计议道，他以秦吏背秦，恐怕沛中子弟不服，不如把本县逃亡在外的壮士召来，可得几百人，有他们相助，众人就不敢不听命了。于是派樊哙去招刘季。这樊哙是刘季的党羽，以屠狗为业。刘季率领着部下约莫一百人，跟着樊哙回来，沛令反悔，闭城不纳，并打算把萧、曹二人杀掉。二人跳城投奔刘季。刘季射书城上，劝县人诛沛令起事，否则城破之后，以屠城对付，县人遂共杀沛令，开城相迎。刘季受父老的推戴为沛公，收县中子弟得二三千人。这是二世元年九月的事。此后七个月内刘季转战于今独山湖以西苏、鲁两省相接之境，先后取沛、丰、砀（皆江苏今县）做根据地。替刘季守丰的部将叛而附魏，刘季攻他不下，走去留县求助于景驹。他始终没有得景驹的帮助，却在留县遇到了张良，张良原是韩国的贵公子，其先人五世相韩，亡国后散家财谋报国仇。秦始皇在博浪沙遇刺，那凶手就是他所买的。这时他领了一百多个少年，相投景驹，遇了刘季，情投意合，便以众相从。后来楚怀王既立，张良说动了项梁，更主故韩公子韩成为韩王,只得辞别刘季,往佐韩王。

景驹败死后,刘季往见项梁,项梁给他补充五千人。他得了这援助,才于二世二年四月把丰县攻下。从此刘季归附了项梁。他和项羽似乎很相得,两人总是共领一军出战或同当一面,像是形影不离的。据说当怀王派刘季西行时项羽也请求同往,只是怀王左右的老将们极力反对,以为项羽剽悍残暴,是屠城的能手;关中人民,久苦苛政,可以德服;他一去,反失人心;唯有刘季,忠厚长者,可胜宣抚之任;怀王因此不许项羽和刘季偕行。

宋义、项羽等北上救赵之军和刘季西进之军,同于二世二年闰九月(当时称后九月)分途出发。刘季转战于今豫东豫南,取道南阳以向武关。这时秦军的主力被吸在河北,这一路的楚军并未遇着劲敌。刘季从洛阳南下,复与张良相会。先是,张良同了韩王领兵千余,西略韩地,取了数城,又被秦军夺回,只得在颍川一带作游击战。至是,领兵与刘季合,占领了韩地十余城。刘季令韩王留守阳翟,而同了张良前进,略南阳郡。郡守兵败,退守宛城,刘季便越过宛城而西。张良谏道:现在虽急于入关,但关中兵尚众,且凭险相拒,若不攻下宛城,腹背受敌,这是危道。刘季便半夜隐匿旗帜,绕道回军,黎明,围宛城三匝。南阳守以城降,刘季封他为殷侯。由此西至武关,一路所经城邑纷纷迎降。二世三年八月武关陷。是月,赵高弑二世,使人来约降,刘季等以为诈,继进。九月峣关陷。刘季初欲急攻峣关。张良以为守将乃屠户之子,可以利动。于是楚军一面派人先行,预备五万人的餐食,并在山上多树旗帜为疑兵;一面派人拿重宝去说守将,守将果然变志,愿和楚军同入咸阳。刘季将要答应他，张良以为只是守将要反，怕士卒不从，不从可危，不如乘其怠懈进击。刘季依计遂破峣关。是月秦军再战于蓝田南，复大败。次月刘季入咸阳。先时赵高既弑二世，继立其侄子婴，贬去帝号称秦王，子婴又袭杀赵高。至是，子婴以绳系颈，乘素车白马，捧着皇帝的玺印，迎接刘季于霸上（长安东十三里）的轵道旁。

秦历以九月为岁终，而秦历可说是终于二世三年九月。后此五十四个月，即四年半，刘季乃即皇帝位，汉朝乃开始。中间纪事，系年系月，甚成问题。若用公元，年次固可约略相附，但月份则尚无正确的对照。汉人以二世三年之后为汉元年；汉初沿秦历法，以十月为岁首，故以汉元年十月接秦二世三年九月。但此时尚无汉朝，何有汉年？今别无善法，只得依之。

第四节　项羽在关中

刘季到了咸阳，看着堂皇的宫殿，缛丽的帷帐和无数的美女、狗马、珍宝，便住下不肯出。奈不得樊哙和张良苦劝婉谏，才把宫中的财富和府库封起，退驻霸上，以等待各方的领袖来共同处分。他又把父老召来，宣布废除秦朝的苛法，只约法三章："杀人者死，伤人及盗抵罪。"人民大喜，纷纷送上牛羊来犒军，刘季一概辞谢不受。

项羽既定河北，率楚军诸侯军及秦降军西向关中，行至新安，闻秦降卒有怨声，虑其为变，尽坑之。

当初怀王曾与诸将约，谁先入关中，即以其地封他为王。

刘邦因此以关中的主人自居。而项羽西进之前已封了章邯为雍王（秦地古称雍州），大有否认怀王初约之意。刘季闻讯，派兵守函谷关，拒外军入境，同时征关中人民入伍，以扩充实力。

项羽至函谷关，不得入，大怒，攻破之。进驻鸿门，与刘季军相距只四十里。是时外军四十万，号百万；内军十万，号二十万。项羽大飨军士预备进攻。项羽的叔父项伯曾受张良救命之恩，半夜去给张良通消息，劝张良快跟他走，张良却替他和刘季拉拢。刘季会项伯一见如故，杯酒交欢，约为婚姻。刘季道："我入关以来，秋毫不敢有所沾染，簿籍吏民，封闭府库，以等待项将军。派人守关，只是警备盗贼。日夜盼望项将军到，哪里敢反？"恳求项伯代为解释。项伯答应，并约他次早亲到鸿门营中来。

项羽听了项伯的话，芥蒂已消，又见刘邦亲到，反而高兴起来，留他宴饮。项羽、项伯坐西，范增坐北，刘季坐南，张良坐东，范增主张剪除刘季最力，席间屡次递眼色给项羽，同时举起所佩的玉玦。项羽黯然不应。范增出去，一会又入来。随后不久，项庄入来奉酒祝寿。奉毕说道："君王和沛公饮酒，军营里没有什么可以助兴的，让我来舞剑！"项羽说："好！"他便舞起剑来。项伯亦拔剑起舞。项庄屡屡逼近刘季，项伯屡屡掩护着刘季。正对舞间，张良出去，一会又入来。随后，门外喧嚷声起，一人带剑持盾闯进来，鼓起眼睛盯着项羽。项羽按剑翘身（时席地坐）问："做什么？"张良说："那是沛公的骖乘樊哙。"项羽说："壮士！赏他酒。"是一大杯。樊哙拜谢了，一口喝干。项羽说："赏他一个猪肩！"那是生的。樊哙把盾覆在地上，把猪肩放在盾上，拔剑切肉便哄。项羽问他可还能饮不,他说:"臣死也不避,何况杯酒?"接着他痛陈刘季的功劳,力数项羽的不是。项羽无话可答只请他坐,他便挨张良坐下。自从樊哙闯入,舞剑停止。樊哙坐下不久,刘季说要如厕走开,张良跟着他。过了许久,张良单独回来,带好些玉器。张良作礼道:"沛公很抱歉,因饮酒过多,不能亲来告辞。托下臣带了白璧一对献与大王(项羽),玉斗(酒器)一对献与大将军(范增)。"项羽问沛公在哪里,张良说:"他听说大王有意责难他,已回营去了。"项羽收入白璧,放在几上,范增把玉斗放在地下,拔剑撞个粉碎。

随后项羽入咸阳,屠城,杀子婴,烧秦宫室,收财宝妇女,然后发号施令,分割天下。他尊怀王为义帝,却只给他湘江上游弹丸之地,都于郴(今县)。自立为西楚霸王,占旧楚、魏地九郡,都于彭城;此外他封立了十八个王国,列表如下。

王号	姓名	原来地位	国都	领地	附注
汉王	刘季		南郑	汉中、巴蜀	
雍王	章邯	秦降将	废丘	咸阳以西	三人共分关中地,三国合称三秦。
塞王	司马欣	章邯部下长史	栎阳	咸阳以东至河	
翟王	董翳	章邯部下都尉	高奴	上郡	
西魏王	魏豹	魏王	平阳	河东	
河南王	申阳	张耳部将,先定河南	洛阳	河南郡	
韩王	韩成	韩王	阳翟	韩地若干郡	
殷王	司马卬	赵将,先定河内	朝歌	河内	
代王	赵歇	赵王		代郡	

续表

王号	姓名	原来地位	国都	领地	附注
常山王	张耳	赵相，从项羽入关	襄国	赵地大部分	
九江王	英布	项羽部将	六	九江郡一带	后降刘季，封淮南王。
衡山王	吴芮	百越君长，从入关	邾	楚地一部分	
临江王	共敖	怀王柱国	江陵	楚地一部分	死于汉三年；子尉嗣，四年十二月为汉所虏。
辽东王	韩广	燕王		辽东	后拒臧荼，为所杀。
燕王	臧荼	燕将，从项羽入关	蓟	燕地大部分	
胶东王	田市	齐王	即墨	齐地一部分	
齐王	田都	齐将	临淄	齐地大部分	
济北王	田安	齐王室后，项羽部将	博阳	齐地一部分	

我们看这表便可知道，其中哪些是不曾悦服项羽的宰割的人。刘季指望割据关中而只得到僻远的汉中、巴蜀，不用说了。魏豹由魏王而缩为西魏王，赵歇由赵王而缩为代王，田市由齐王而缩为胶东王，韩广由燕王而缩为辽东王，都是受了黜降。此外项羽在瓜分天下时所树的敌人，不见于表中的还有故齐相田荣和故赵将陈余。当初田儋战死后，齐人立田假为王，田荣（田儋弟）逐田假更立儋子田市而专齐政。田假走依项梁，由此田荣与项氏有隙。项羽以齐地分王田市、田都、田安，而田荣无分。

田荣怎肯甘心？陈余本与张耳为"刎颈交"。巨鹿之围，张求援于陈，而陈竟以利害的计较，按兵不动。两人从此成仇。但两人的"革命功绩"，实不相上下。项羽因张耳相从入关以赵地的大部分封他为常山王，而仅以南皮等三县之地封陈余为侯。陈余由此深怨项羽。

第五节　楚汉之战及其结局

汉元年四月，在咸阳新受封的诸王分别就国。张良辞别刘季，往佐韩王，却送刘季到褒中，临别，劝他烧绝所过栈道，示无北还之心，刘季依计。

五月，田荣发兵拒田都，击走之。田荣留田市，不让他赴胶东。田市惧怕项羽，逃亡就国。田荣追杀之，而自立为齐王。是时昌邑人彭越（以盗贼起）聚众万余人于巨野，无所属。田荣给他将军印，使攻济北。越击杀济北王。于是田荣尽有全齐之地。彭越又进击楚军，大破之。陈余请得田荣的助兵，并尽发南皮三县兵，共袭常山，张耳败逃。二年十月陈余迎故赵王歇于代，复立为赵王。于是齐赵地尽反楚。是月义帝在就国途次，为项羽命人袭杀于江中。

刘季乘齐变于元年八月突入关中。章邯兵败，被围于废丘（二年六月废丘始陷，章邯自杀）。塞王、翟王皆降汉。先是项羽挟韩王成归彭城，不使就国，继废之为侯，继又杀之。于是张良逃就刘季于关中。刘季以故韩襄王（战国时）孙信为韩太尉，使张良将兵取韩地。二年十一月，韩地既定，刘季立信为韩王。先是河南王申阳亦降汉。

项羽权衡西北两方敌人的轻重,决定首先击齐。二年正月,大败田荣于城阳。田荣遁逃,为人民所杀。项羽坑田荣降卒。提兵北进,一路毁城放火,掳掠妇女。齐人怨叛。荣弟田横,收散兵,得数万人,复反城阳。项羽还战,竟相持不下。刘季乘齐楚相斗之际东进,降西魏王豹,虏殷王卬,为义帝发丧,率诸侯兵五十六万伐楚,遂入彭城。项羽以精兵三万人还战,汉军大溃,被挤落谷水和泗水死的据说有十余万人。再战灵壁东,汉军又溃,被挤落睢水死的据说也有十余万人,睢水几乎被死尸填塞了。楚军围了刘季三匝。适值大风从西北起,折树发屋,飞沙走石,阴霾蔽天,白昼昏黑。楚军逆着飓风,顿时散乱,刘季才得带了几十骑遁走。但项羽一去齐,田横复定齐地,立田荣子田广为王。刘季收聚散卒,又得萧何征调关中壮丁转运关中粮食来援,固守荥阳、成皋(并在今河南成皋县境,荥阳在东,成皋在西),军势复振。先是魏王豹于汉军败后,复叛归楚。汉使淮阴人韩信击之。九月,韩信俘魏王豹,定魏地。

此后战争的发展,可分为三个阶段。

第一阶段尽汉三年九月。在这一阶段,汉正面大败,而侧面猛进。在正面,汉失荥阳、成皋。刘季先后从荥阳、成皋突围先遁。其出荥阳时,将军纪信假扮着他,从东门出,以诳楚军,他才得从西门逃走,纪信因此被烧杀。在侧面,韩信取赵。先是,张耳败走,投奔汉。刘季微时曾为张耳客,因善待之。及会诸侯兵伐楚,求助于赵,陈余以汉杀张耳为条件。刘季把一个貌似张耳的人杀了,拿首级送去,陈余才派兵相助。后来陈余闻得张耳未死,便绝汉。汉使韩信击赵,杀陈余。在这阶段,还有两件大事可纪。其一，楚将九江王英布先已离心，又受了汉所遣辩士的诱说，遂举九江降汉。英布旋被项羽击败，只身逃入汉，但项羽已失去一有力的臂助了。其二，项羽中了汉的反间计，对一向最得力的谋臣范增起了猜疑，范增愤而告退，归近彭城，疽发背死。

第二阶段尽汉四年九月。在这一阶段，韩信南下取齐，楚军援齐大败，韩信遂定齐地；而彭越（于田荣死后归汉）为汉守魏地，时出游兵断楚粮道，荥阳、成皋的楚军大窘；项羽抽军自领回击彭越，汉乘机收复成皋，并进围荥阳。项羽引兵还广武（在荥阳附近，荥泽与汜水之间）与汉相持数月。项羽以前方粮绌后方又受韩信的抄袭，想和汉决一死战，而汉按兵不出，只得与汉约和。约定楚汉中分天下，以鸿沟（在广武荥泽间）为界准，其东属楚，其西属汉；楚放还前所掳汉王之父及妻。约成，项羽便罢兵东归。

以下入最后阶级。初时刘季也打算罢兵西归，张良等力劝乘势灭楚。五年十月，汉追击项羽军于固陵（今河南淮阳县西北）大败之。刘季约韩信、彭越会师，而二人不至。先是韩信既定齐，自请立为齐王，刘季忍怒许之，彭越只拜魏相国。至是张良献计：韩信故乡在楚，指望做楚王；彭越据魏地亦指望做魏王；若能牺牲楚、魏地的一部分，许与他们，他们必然效命。刘季依计，二人立即会师。十一月，汉遣别将渡淮围寿春，又诱降楚舒城守将，使以舒屠六。十二月，项羽至垓下（今安徽灵璧县东南），兵少食尽，汉军围之数重。项羽率八百余骑溃围而出，所当辟易；到了长江西岸的乌江（今安徽和县东北乌江浦）只剩下二十六骑。乌江渡口单摆着一只小船。乌江亭长请他立即下渡。说道：

"江东虽小,也有几千里地,几十万人;现在只有这一只船,汉兵即使追来,也无法飞渡。"项羽说:"我当初领江东子弟八千,渡江西去,如今无一人归还,即使江东父老怜恤我,奉我为王,我也有何面目再见他们?他们即使不说话,难道我不问心有愧?"于是把所乘的骓马赏给了亭长,令他先走。自与从人步行,持短兵接战。他连接杀了几百人,身上受了十几伤,然后拔剑自刎。

五年正月,汉王立韩信为楚王,领淮北,都下邳;立彭越为梁王,领魏地,都定陶。随后,诸侯向汉王上了一封献进书如下:

楚王韩信,韩王信,淮南王英布,梁王彭越,故衡山王吴芮(项羽所立,旋废之),赵王张敖(汉立张耳为赵王,先是已死,其子敖嗣),燕王臧荼昧死再拜言:大王陛下,先时秦为无道,天下诛之,大王先得秦王,定关中,于天下功最多。存亡定危,救败继绝,以安万民,功盛德厚,又加惠于诸侯王,有功者使得立社稷。地分已定,而位号比似无上下之分,大王功德之著于后世不宣。昧死再拜上皇帝尊号。

刘季经过一番逊让之后,于二月即皇帝位于定陶附近的汜水之北。是月封吴芮为长沙王,领长沙、象郡、桂林、南海四郡;又封故粤王无诸(秦所废,后从诸侯伐秦)为闽粤王,领闽中地。初定都洛阳,五月迁都于长安。

刘季做了七年皇帝(公元前202至前195年)而死,庙号太祖高皇帝。(《广阳杂记》卷二:"考得高祖起沛年四十八,崩时年六十三。"不知何据)

第三章　大汉帝国的发展

第一节　纯郡县制的重建

刘邦即帝位之初，除封了七个异姓的"诸侯王"外，又陆续封了一百三十多个功臣为"列侯"。汉朝的封君，主要的就是这诸侯王和列侯两级。在汉初，这两级的差异是很大的。第一，王国的境土"多者百余城，少者乃三四十县"；这七个王国合起来就占了"天下"的一大半。但侯国却很少有大过一县的。刘邦序次功臣，以萧何为首，而萧何初受封为酂侯时，只食邑八千户；后来刘邦想起从前徭役咸阳时，萧何多送了二百钱的赆，又加封给他二千户；后来萧何做到相国，又加封五千户；合共才一万五千户。终汉之世，也绝少有超过四万户的列侯。第二，诸侯王除享受本国的租税和徭役外，又握着本国政权的大部分。王国的官制是和中央一样的。汉代的官制大抵抄袭秦朝。中央有丞相，王国也有之；中央有御史大夫，王国也有之；中央有太尉，王国则有中尉。王国的官吏，除丞相外，皆由诸侯王任免。但列侯在本"国",只享受额定若干户的租税和徭役(譬如某列侯食五千户,而该国的民户超过此数,则余户的租税仍归中央),并没有统治权。他们有的住长安,有的在别处做官,多不在本国。侯国的"相"实际是中央所派地方官,和非封区里的县令或县长相等(汉制万户以上的县置令,万户以下的县置长)。他替列侯征收租税,却不臣属于列侯。在封君当中,朝廷所须防备的只有诸侯王,列侯在政治上是无足轻重的。

最初,诸侯王都是异姓的。异姓诸侯王的存在,并非刘邦所甘愿。不过他们在新朝成立之前都早已据地为王。假如刘邦灭项之后,不肯承认他们既得的地位,他们在自危之下,联合起来,和刘邦抵抗,刘邦能否做得成皇帝,还未可知。所以当刘邦向群臣询问自己所以成功的原因,就有人答道:

> 陛下慢而侮人,项羽仁而爱人。然陛下使人攻城略地,所降下者,因以予之,与天下同利也。项羽妒贤嫉能,有功者害之,贤者疑之,战胜而不予人功,得地而不予人利,此所以失天下也。

不过刘邦在未做皇帝之前,固能"与天下同利";做了皇帝之后,就不然了。他在帝位未坐稳之前,不能把残余的割据势力一网打尽;在帝位既坐稳之后,却可以把他们各个击破。他最初所封诸王,除了仅有众二万五千户的长沙王外,后来都被他解决了。假如刘邦有意重振前朝的纯郡县制度,他很可以把异姓诸侯王的国土陆续收归中央。此时纯郡县制度恢复的主要障碍似乎只是心理的。秦行纯郡县制十五年而亡,周行"封建"享祀八百，这个当头的历史教训，使得刘邦和他的谋臣认"封建"制为天经地义。异姓的"诸侯王"逐渐为刘邦的兄弟子侄所替代，到后来，他立誓："非刘氏而王者天下共击之。"不过汉初的"封建"制和周代的"封建"制，名目虽同，实则大异。在周代，邦畿和藩国都包涵着无数政长而兼地主的小封君；但在汉初，邦畿和藩国已郡县化了。而且后来朝廷对藩国的控制也严得多；藩国的兵符掌在朝廷所派的丞相手，诸王侯非得他的同意不能发兵。

在高帝看来，清一色的刘家天下比之宗室的异姓杂封的周朝，应当稳固得多了。但事实却不然。他死后不到二十年，中央对诸侯王国的驾驭，已成为问题。文帝初即位的六年间，济北王和淮南王先后叛变，虽然他们旋即被灭，但拥有五十余城的吴王濞又露出不臣的形迹。他收容中央和别国的逃犯，用为爪牙；又倚恃自己熔山为钱、煮海为盐的富力，把国内的赋税免掉，以收买人心。适值吴太子入朝，和皇太子（即后日的景帝）赌博，争吵起来，给皇太子当场用博局格杀了，从此吴王濞称病不朝，一面加紧的"积金钱，修兵革，聚谷食"。文帝六年，聪明盖世的洛阳少年贾谊（时为梁王太傅）上了有名的《治安策》，认为时事有"可为痛哭者一，可为流涕者一（今本作可为流涕者二，据夏炘《贾谊政事疏考补》改），可为长太息者六"。其"可为痛哭者一"便是诸侯王的强大难制。他比喻道："天下之势，方病大瘇，一胫之大几如腰，一指之大几如股。"他开的医方是"众建诸侯而少其力"，那就是说，分诸侯王的土地，以封他们的兄弟或子孙，这一来诸侯王的数目增多，势力却减少。后来文帝分齐国为六，淮南国为三，就是这政策一部分的实现。齐和淮南被分之前，颍川人晁错提出了一个更强硬的办法，就是把诸侯王土地的大部分削归中央。这个提议，宽仁的文帝没有理会，但他的儿子景帝继位后，便立即采用了。临到削及吴国，吴王濞便勾结胶东、胶西、济南、菑川（四国皆从齐分出）、楚、赵等和吴共七国，举兵作反。这一反却是汉朝政制的大转机。中央军在三个月内把乱事平定。景帝乘着战胜的余威，把藩国一切官吏的任免权收归朝廷，同时把藩国的官吏大加裁减，把它的丞相改名为相。经过这次的改革后，诸侯王名虽封君，实则食禄的闲员；藩国虽名封区，实则中央直辖的郡县了。往后二千余年中，所行的"封建制"多是如此。

景帝死，武帝继位，更双管齐下的去强干弱枝。他把贾谊的分化政策，极力推行。从此诸侯王剩余的经济特权也大大减缩，他们的食邑最多不过十余城，下至蕞尔的侯国，武帝也不肯放过，每借微罪把他们废掉。汉制，皇帝以八月在宗庙举行大祭，叫作"饮酎"，届时王侯要献金助祭，叫作"酎金"。武帝一朝，列侯因为酎金成色恶劣或斤两不够而失去爵位的，就有一百多人。

景武之际是汉代统治权集中到极的时期，也是国家的富力发展到极的时期。

秦代十五年间空前的工役和远征已弄到民穷财尽。接着八年的苦战（光算楚汉之争，就有"大战七十，小战四十"）。好比在嬴瘵的身上更加剜戕。这还不够。高帝还定三秦的次年，关中闹了一场大饥荒，人民相食，死去大半。及至天下平定，回顾从前的名都大邑，多已半付蒿莱。它们的户口往往什去七八，高帝即位后二年，行过曲逆，登城眺望，极赞这县的壮伟，以为在所历的都邑中，只有洛阳可与相比，但一问户数，则秦时本有三万，乱后只余五千。这时不独一般人民无蓄积可言，连将相有的也得坐牛车，皇帝也无力置备纯一色的驷马。

好在此后六七十年间，国家大部分享着不断的和平，而当权的又大都是"黄老"的信徒，守着省事息民的政策。经这长期的培养，社会又从苏复而趋于繁荣。当武帝即位的初年，据同时史家司马迁的观察，"非遇水旱之灾，民则人给家足。都鄙廪庾皆漏，而府库余货财。京师之钱累巨万，贯朽而不可校（计算）。太仓之粟，陈陈相因，充溢露积于外，至腐败而不可食。众庶街巷有马，阡陌之间（马聚）成群"。

政权集中，内患完全消灭；民力绰裕，财政又不成问题；这正是大有为之时。恰好武帝是个大有为之主。

第二节　秦汉之际中国与外族

在叙述武帝之所以为"武"的事业以前，我们得回溯秦末以来中国边境上的变动。

当秦始皇时，匈奴既受中国的压迫，同时它东边的东胡和西边的月氏（亦一游牧民族，在今敦煌至天山间，其秦以前的历史全无可考。《管子·揆度篇》和《逸周书·王会篇》中的禺氏，疑即此族），均甚强盛。因此匈奴只得北向外蒙古方面退缩。但秦汉之际的内乱和汉初国力的疲敝，又给匈奴以复振的机会。适值这时匈奴出了一个枭雄的头领冒顿单于。冒顿杀父而即单于位约略和刘邦称帝同时。他把三十万的控弦之士套上铁一般的纪律，向四邻攻略：东边，他灭了东胡，拓地至朝鲜界；北边，服属了丁零（匈奴的别种）等五小国；南边，他不独恢复蒙恬所取河套地，并且侵入今甘肃平凉至陕西肤施一带；西边，他灭了月氏，把国境伸入汉人所谓"西域"中（即今新疆及其以西和以北一带）。这西域包涵三十多个小国，其中一大部分不久也成了匈奴的臣属，匈奴在西域设了一个"僮仆都尉"去统辖它们，并且向它们征收赋税。冒顿死于文帝六年（公元前174年），是时匈奴已俨然一大帝国，内分三部：单于直辖中部，和汉的代郡、云中郡相接；单于之下有左右贤王，分统左右两部；左部居东方，和上谷以东的边郡相接；右部居西方，和上郡以西的边郡及氐羌（在今青海境）相接。胡俗尚左，左贤王常以太子充任。

匈奴的土地虽广，大部分是沙碛或卤泽，不生五谷，而除新占领的月氏境外，草木也不十分丰盛，因此牲畜不会十分蕃息。他们的人口还比不上中国的一大郡。当匈奴境内人口达到饱和的程度以后，生活的艰难，使他们不得不以劫掠中国为一种副业。而且就算没有生活的压迫，汉人的酒谷和彩缯，对于他们，也是莫大的引诱。匈奴的人数虽寡，但人人在马背上过活，全国皆是精兵。这是中国人所做不到的。光靠人口的量，汉人显然压不倒匈奴。至于两方战斗的本领，号称"智囊"的晁错曾作过精细的比较。他以为匈奴有三种长技：

1. 上下山阪，出入溪涧，中国之马弗如也。
2. 险道倾仄，且驰且射，中国之骑（兵）弗如也。

3. 风雨疲劳，饥渴不困，中国之人弗如也。

但中国却有五种长技：

1. 平原易地，轻车突骑，则匈奴之众易挠乱也。

2. 劲弩长戟，射疏（广阔）及远，则匈奴之弓弗能格也。

3. 坚甲利刃，长短相杂，游弩往来，什伍俱前，则匈奴之兵（器）弗能当也。

4. 材官（骑射之兵）驺（骤）发。矢道同的，则匈奴之革笥木荐弗能支也。

5. 下马地斗，剑戟相接，去就相薄，则匈奴之足弗能给也。

这是不错的。中国的长技比匈奴还多，那么，汉人对付匈奴应当自始便不成问题了。可是汉人要有效地运用自己的长技，比之匈奴，困难得多。匈奴因为是游牧的民族，没有城郭宫室的牵累，"来如兽聚，去如鸟散"，到处可栖息。他们简直用不着什么防线。但中国则从辽东到陇西（辽宁至甘肃）都是对匈奴的防线，而光靠长城并不足以限住他们的马足。若是沿边的要塞皆长驻重兵，那是财政所不容许的。若临时派援，则汉兵到时，匈奴已远飏，汉兵要追及他们，难于捉影。但等汉兵归去，他们又卷土重来。所以对付匈奴，只有两种可取的办法：一是一劳永逸地大张挞伐，拼个你死我活；二是以重赏厚酬，招民实边（因为匈奴的寇掠，边地的居民几乎逃光），同时把全体边民练成劲旅。前一种办法，武帝以前没有人敢采。后一种办法是晁错献给文帝的，文帝也称善，但没有彻底实行。汉初七八十年间对匈奴的一贯政策是忍辱修好，而结果殊不讨好。当高帝在平城给冒顿围了七昼七夜，狼狈逃归后，刘敬献了一道创千古奇闻的外交妙计：把嫡长公主嫁给单于，赔上丰富的妆奁，并且约定以后每年以匈奴所需的汉产若干奉送，以为和好的条件；这一来匈奴既顾着翁婿之情，又贪着礼物，就不便和中国捣乱了。高帝想不出更好的办法，只舍不得公主，于是用了同宗一个不幸的女儿去替代。不过单于们所希罕的毋宁是"蘖酒万石，稷米五千斛，杂缯万匹"之类，而不是托名公主，未必娇妍的汉女。所以从高帝初年到武帝初年间共修了七次"和亲"，而遣"公主"的只有三次。和亲使单于可以不用寇掠而得到汉人的财物。但他并不以此为满足，他手下没得到礼物或"公主"的将士们更不能满足。每度和亲大抵只维持几年的和平。而堂堂中国反向胡儿纳币进女，已是够丢脸了，贾谊所谓"可为流涕"的事，就是指此。

上面讲的，是汉初七八十年间西北两方面的边疆状况，让我们再看其他方面的。

在东北方面，是时朝鲜半岛，国族还很纷纭。其中较大而与中国关系较密的是北部的朝鲜和南部的真番。真番在为燕所征之前无史可稽。朝鲜约自周初以来，燕齐的人民或因亡命，或因生计所迫，移殖日众；至迟到了秦汉之际，朝鲜在种族上及文化上皆已与诸夏为一体，在语言上和北燕属同一区域。在战国末期（确年无考）燕国破胡的英雄秦开（即副荆轲入秦的秦舞阳的祖父）曾攻朝鲜，取地二千余里。不久，朝鲜和真番皆成了燕的属地。燕人为置官吏。秦灭燕后，于大同江外空地筑障以为界，对朝鲜控制稍弛，朝鲜名虽臣服于秦，实不赴朝会。汉朝初立，更无远略，把东北界缩到大同江。高帝死时，燕王卢绾率叛众逃入匈奴，燕地大乱，燕人卫满聚党万余人，渡大同江，居秦故塞，收容燕齐的亡命之徒；继灭朝鲜，据其地为王，并降服真番及其他邻近的东夷小国。箕子的国祀，经八百余年，至此乃绝。卫满沿着朝鲜向来的地位，很恭顺地对汉称臣，约定各保边不相犯，同时半岛上的蛮夷君长要来朝见汉天子时，朝鲜不加阻碍。但到了卫满的孙右渠（与武帝同时），便再不和汉朝客气，一方面极加招诱逃亡的汉人，一方面禁止邻国的君长朝汉。

在南方，当秦末的内乱，闽越和西南夷，均恢复自主；南越则为故龙川县（属南海郡）令真定（赵）人赵佗所割据。汉兴，两越均隶藩封。但南越自高帝死后已叛服不常，闽越当武帝初年亦开始侵边。而西南夷则直至武帝通使之时，还没有取消独立。

以上一切边境内外的异族当中，足以为中国大患的只有匈奴。武帝对外也以匈奴为主要目标。其灭朝鲜有一部分为的是"断匈奴左臂"；其通西域全是为"断匈奴右臂"。

第三节 武帝开拓事业的四时期

武帝一朝对待外族的经过，可分为四期。

（一）第一期包括他初即位的六年（前141至前136年），这是承袭文景以来保境安民政策的时期。武帝即位，才十六岁，太皇太后窦氏掌握着朝政。这位老太太是一个坚决的"黄老"

信徒。有她和一班持重老臣的掣肘，武帝只得把勃勃的雄心暂时按捺下去。当建元三年（前138年）闽越围攻东瓯（今浙江东南部），武帝就对严助说："太尉不足与计，吾新即位，不欲出虎符发兵郡国。"结果，派严助持"节"去向会稽太守请兵，"节"并不是发兵的正式徽识，严助几乎碰了钉子。在这一期里，汉对匈奴不但继续和亲，而且馈赠格外丰富，关市的贸易也格外起劲；可是武帝报仇雪耻的计划早已决定了。他派张骞去通使西域就在即位的初二年间。

（二）第二期从建元六年窦太后之死至元狩四年大将军霍去病之兵临瀚海，凡十六年（前135至前119年），这是专力排击匈奴的时期。

窦氏之死，给汉朝历史划一新阶段。她所镇抑着的几支历史暗流，等她死后，便一齐迸涌，构成卷括时代的新潮。自她死后，在学术界里，黄老退位，儒家的正统确立；政府从率旧无为变而发奋兴作，从对人民消极放任变而为积极干涉。这些暂且按下不表。现在要注意的是汉廷的对外政策从软弱变而为强硬。她死后的次年，武帝便派重兵去屯北边；是年考试公卿荐举"贤良"，所发的问题之一，便是"周之成、康……德及鸟兽，教通四海，海外肃慎……氐、羌徕服。……呜呼，何施而臻此欤"？次年，便向匈奴寻衅，使人诈降诱单于入塞，同时在马邑伏兵三十万骑，要把单于和他的主力一举聚歼。这阴谋没有成功，但一场狠斗从此开始。

晁错的估量是不错的。只要汉廷把决心立定，把力量集中，匈奴绝不是中国的敌手。计在这一期内汉兵凡九次出塞挞伐匈奴，前后斩虏总在十五万人以上，只最后元狩四年（前119年）的一次，也是最猛烈的一次，就斩虏了八九万人。先是元狩二年（前121年），匈奴左地的昆邪王惨败于霍去病将军之手，单于大怒，要加诛戮，他便投降汉朝，带领去的军士号称十万，实数也有四万多。光在人口方面，匈奴在这一期内，已受了致命的打击（匈奴比不得中国，便遭受同数目的耗折也不算一回事。计汉初匈奴有控弦之士三十万，后来纵有增加，在此期内壮丁的耗折总在全数一半以上）。在土地方面，匈奴在这一期内所受的损失也同样的大。秦末再度沦陷于匈奴的河套一带（当时称为"河南"）给将军卫青恢复了。武帝用《诗经》中赞美周宣王征伐狁"出车彭彭，城彼朔方"的典故，把新得的河套地置为朔方郡；以厚酬召募人民十万，移去充实它；又扩大前时蒙恬所筑凭黄河为天险的边塞。从此畿辅才不受匈奴的威吓。后昆邪王降汉，又献上今甘肃西北的"走廊地带"（中包括月氏旧地，为匈奴国中最肥美的一片地）。武帝把这片地设为武威、酒泉两郡（后来又从中分出张掖、敦煌两郡，募民充实之）。从此匈奴和氐羌（在今青海境）隔绝，从此中国和西域乃得直接交通，从此中国自北地郡以西的戍卒减去一半。后来匈奴有一首歌谣，纪念这一次的损失道（依汉人所译）：

亡我祁连山，
使我六畜不蕃息！
失我焉耆（燕支）山，
使我妇女无颜色！

最后在元狩四年的一役，匈奴远遁至瀚海以北，汉把自朔方渡河以西至武威一带地（今宁夏南部，介于绥远和甘肃间地）也占领了，并且在这里开渠屯田，驻吏卒五六万人（唯未置为郡县），更渐渐地向北蚕食。是年武帝募民七十余万充实朔方以南一带的边境。

（三）元狩五年至太初三年，凡十七年（前118至前102年）间，是武帝对外的第三期。在这一期内，匈奴既受重创，需要休息，不常来侵寇；武帝也把开拓事业转向别方：先后征服了南越、西南夷、朝鲜，皆收为郡县；从巴蜀开道通西南夷，役数万人；戡定闽越，迁其种族的一大部分于江淮之间，并且首次把国威播入西域。

西域在战国时是一神话的境地，屈原在《招魂》里描写道：

　　西方之害，流沙千里些！
　　旋入雷渊，靡散而不可止些！
　　幸而得脱，其外旷宇些！
　　赤蚁若象，玄蠭若壶些！
　　五谷不生，丛菅是食些！
　　其土烂人，求水无所得些！

一直到张骞出使之时，汉人还相信那里的昆仑山，为日月隐藏之所，其上有仙人西王母的宫殿和苑囿。对这神话的境界武帝首先作有计划的开拓。武帝在即位之初，早已留意西域。先时月氏国给匈奴灭了以后，一部分的人众逃入西域，占据了塞国（今伊犁一带），驱逐了塞王，另建一新国，是为大月氏

（余众留敦煌、祁连间为匈奴役属的叫作小月氏），对于匈奴，时图报复。武帝从匈奴降者的口中得到这消息，便想联络月氏，募人去和它通使。汉中人张骞应募。这使事是一件很大的冒险。是时汉与西域间的交通孔道还是在匈奴掌握中，而西域诸国多受匈奴的命令。张骞未入西域，便为匈奴所获，拘留了十多年；他苦心保存着所持的使"节"，终于率众逃脱。这十多年中，西域起了一大变化。先前有一个游牧民族，叫作乌孙的，在胡月氏国西，给月氏灭了。他们投奔匈奴，被收容着，至是，受了匈奴的资助，向新月氏国猛攻。月氏人被迫作第二次的逃亡，又找到一个富厚而文弱的国家——大夏（今阿富汗斯坦）——把它鸠居鹊巢地占据了；遗下塞国的旧境为乌孙所有。张骞到大夏时，月氏人已给舒服的日子软化了，再不想报仇；张骞留居年余，不得要领而返，复为匈奴所获，幸而过了年余，单于死，匈奴内乱，得间逃归。骞为人坚忍、宽大、诚信，甚为蛮夷所爱服。他出国时同行的有一百多人，去了十三年，仅他和一个胡奴堂邑父得还。这胡奴在路上给他射鸟兽充饥，否则他已经绝粮死了。

张骞自西域归还，是轰动朝野的大事。他给汉人的政治、商业和文化开了一道大门；后来印度佛教的输入，就是取道西域的。这我国史上空前的大探险，不久成了许多神话的挂钉。《张骞出关志》《海外异物记》等类夸诞的书，纷纷地堆到他名下。这些可惜现在都失传了。

张骞第二次出使是在元狩四年，匈奴新败后。这回的目的是乌孙。原来乌孙自居塞地国势陡强，再不肯朝事匈奴，匈奴派兵讨它，不胜，从此结下仇隙。张骞向武帝献计：用厚赂诱乌孙来归旧地（敦煌、祁连间），并嫁给公主，地为同盟，以断"匈奴右臂"；乌孙既归附，则在它西边大夏（即新月氏）等国皆可收为外藩。武帝以为然，因派张骞再度出使。这回的场面比前次阔绰得多。受张骞统率的副使和将士共有三百多人，每人马二匹，带去牛羊以万数，金币价值"巨万（万万）"。骞至乌孙，未达目的，于元鼎二年（前115年）归还，过了年余便死。但乌孙也派了一行数十人跟他往汉朝报谢。这是西域人第一次来到汉朝的京都，窥见汉朝的伟大。骞死后不久，他派往别些国的副使也陆续领了报聘的夷人回来；而武帝继续派往西域的使者也相望于道，每年多的十几趟，少的也五六趟，每一行大的几百人，小的也百多人；携带的礼物也大致同张骞时一般。于时请求出使西域，或应募前往西域，成了郡国英豪或市井无赖的一条新辟的出路。西域的土产，如葡萄、苜蓿、石榴等植物，音乐如摩诃、兜勒等曲调，成了一时的风尚。乌孙的使人归去，宣传所见所闻，乌孙由此重汉；匈奴闻它通汉，要讨伐它。乌孙恐惧，乃于元封中（前110年至前105年）实行和汉室联婚，结为兄弟。但匈奴闻讯，也把一个女儿送来，乌孙王也不敢拒却，也就一箭贯双雕地做了两个敌国的女婿。中国在西域占优势乃是元封三年至太初三年（前108至前102年）间对西域的两次用兵以后的事。第一次用兵是因为当路的楼兰、姑师两小国，受不了经过汉使的需索和骚扰，勾通匈奴，攻劫汉使；结果，楼兰王被擒，国为藩属；姑师兵败国破，虽尚崛强，其后十八年（前90年）终被武帝征服。第二次用兵因为大宛国隐匿着良马，不肯奉献，结果在四年苦战之后，汉兵包围大宛的都城，迫得宛贵人把国王杀了投降。楼兰、姑师尚近汉边，大宛则深入西域的中心。大宛服，而汉的声威震撼西域，大宛以东的小国纷纷遣派子弟，随着凯旋军入汉朝贡，并留以为质。于是汉自敦煌至罗布泊之间沿路设"亭"（驿站）；又在渠犁国驻屯田兵数百人，以供给使者。

自汉结乌孙，破楼兰，降大宛，匈奴渐渐感到西顾之忧。初时东胡为匈奴所灭后，其余众分为两部：一部分退保鲜卑山，因号为鲜卑；一部分退保乌桓山，因号乌桓（二山所在，不能确指，总在辽东塞外远北之地）。汉灭朝鲜后，又招来乌桓，让它们居住在辽东、辽西、右北平、渔阳、上谷五郡的塞外。从此匈奴又有东顾之忧。元封六年（前105年）左右，匈奴大约因为避与乌桓冲突，向西退缩；右部从前和朝鲜、辽东相接的，变成和云中郡相当对；定襄以东，无复烽警，汉对匈奴的防线减短了一半。

武帝开拓事业，也即汉朝的开拓事业，在这第三期，已登峰造极。计在前一期和这一期里，他先后辟置了二十五新郡；此外他征服而未列郡的土地尚有闽越、西域的一部分，和朔方以西、武威以东一带的故匈奴地。最后一批的新郡，即同朝鲜所分的乐浪、临屯、玄菟、真番四郡（四郡占朝鲜半岛偏北的大部分及辽宁省的一部分。此外在半岛的南部尚有马韩、弁韩、辰韩三族谓之三韩，包涵七十八国，皆臣属于汉），置于元封三年（前108年）。越二年，武帝把手自扩张了一倍有余的大帝国，重加调整，除畿辅及外藩，分为十三州；每州设一个督察专员，叫作"刺史"。这是我国政治制度史上一个重要的转变。

刺史的制度，渊源于秦朝各郡的监御史。汉初，这一官废了；有时丞相遣使巡察郡国，那不是常置的职官。刺史的性质略同监御史，而所监察的区域扩大了。秦时监御史的职权不可得而详。西汉刺史的职权是以"六条"察事，举劾郡国的守相。那"六条"是：

1. 强宗豪右田宅逾制，以强凌弱，以众暴寡。

2. 二千石（即食禄"二千石"的官，指郡国的守相）不奉诏书，遵承典制，倍公向私，旁诒牟利，侵渔百姓，聚敛为奸。

3. 二千石不恤疑狱，风厉杀人，怒则任刑，喜则任淫赏，烦扰刻暴，剥戮黎元，为百姓所疾；山崩石裂，袄祥讹言。

4. 二千石选署不平，苟阿所爱，蔽贤宠顽。

5. 二千石子弟恃怙荣势，请托所监。

6. 二千石违公下比，阿附豪强，通行货赂，割损政令。

第一和第六条的对象都是"强宗豪右"——即横行乡曲的地主。这一流人在当时社会上的重要和武帝对他们的注意可以想见了。

（四）武帝对外的第四期——包括他最后的十五年（前101至前87年）。在这一期，匈奴巨创稍愈，又来寇边。而中国经了三四十年的征战，国力已稍疲竭，屡次出师报复，屡次失利。最后，在征和三年（前90年）的一役，竟全军尽覆，主帅也投降了。祸不单行，是年武帝又遭家庭的惨变，太子冤死。次年，有人请求在西域轮台国添设一个屯田区，武帝在心灰意冷之余，便以一道忏悔的诏书结束他一生的开拓事业，略谓：

前有司奏，欲益民赋三十（每口三十钱）助边用。是重困老弱孤独也。而今又请遣卒田轮台！……乃者贰师（李广利）败，军士死略离散，悲痛常在朕心。今请远田轮台，欲起亭隧，是扰劳天下，非所以优民也。今朕不忍闻。……当今务在禁苛暴，止擅赋，力本农，修马复令（马复令谓许民因养马以免徭役之令），以补缺，毋乏武备而已。

又二年，武帝死。

不过这一期中匈奴的猖獗只是"回光返照"的开始。在武帝死后三十四年内（前86年至前53年），匈奴天灾人祸，外灾内忧，纷至沓来，弄成它向汉稽首称臣为止。其间重要的打击凡三次。第一次（前72年），匈奴受汉和乌孙夹攻，人畜的丧亡已到了损及元气的程度；单于怨乌孙，自将数万骑去报复，值天大雪，一日深丈余，全军几尽冻死；于是乌孙从西面，乌桓从东面，丁零又从北面，同时交侵，人民死去什三，畜产死去什五；诸属国一时瓦解。又一次（前68年）闹大饥荒，据说人畜死去什六七。最后一次，国内大乱，始则五单于争立，终则呼韩与郅支两单于对抗；两单于争着款塞纳降，为汉属国，并遣子入侍。后来郅支为汉西域都护所杀，匈奴重复统一，但终西汉之世，臣服中国不改。跟着匈奴的独立而丧失的是它在西域的一切宗主权。它的"僮仆都尉"给汉朝的西域都护替代了。都护驻乌垒国都（今新疆库车），其下有都尉分驻三十一国。

第四节　武帝的新经济政策

武帝的开拓事业，论范围，论时间，都比秦始皇的加倍，费用自然也加倍。军需和边事有关的种种工程费，募民实边费（徙民衣食仰给县官数年，政府假与产业），犒赏和给养降胡费，使节所携和来朝蛮夷所受的遗赂——这些不用说了。光是在元朔五、六年（前124至前123年）间对匈奴的两次胜利，"斩捕首虏"的酬赏就用去黄金二十余万斤。武帝又厉行水利的建设，先后在关中凿渠六系：其中重要的是从长安引渭水傍南山下至黄河，长三百余里的运渠；为郑国渠支派的"六辅渠"和连接泾渭长二百余里的白公渠。又尝凿渠通褒水和斜水，长五百余里，以联络关中和汉中；可惜渠成而水多湍石，不能供漕运之用。这些和其他不可胜述的水利工程，又是财政上一大例外的支出。加以武帝笃信幽冥，有神必祭，大礼盛典，几无虚岁。又学始皇，喜出外巡行，却比始皇使用更豪爽。元封元年第一次出巡，并登封泰山，所过赏赐，就用去帛百余万匹，钱以"巨万"计。可是武帝时代的人民，除商贾外，并不曾感觉赋税负担的重增。这真仿佛是一件奇迹。

汉朝的赋税是例外地轻的，在武帝以前只有四项。一是田租：自景帝以后确定为三十税一。二是算赋和口赋：每人从十五岁至五十六岁年纳百二十钱，商人与奴婢加倍，这叫作算赋；每人从三岁至十四岁的，年纳二十钱，这叫作口赋。三是郡国收来贡给皇帝的献费：每人年纳六十三钱。四是市租：专为工商人而设的。这些赋税当中，只有口赋武帝加增了三钱，其余的他不曾加增过分文。此外他只添了两种新税，一是舟车税：民有的轺（小车）车纳一算（百二十钱），商人加倍；船五丈以上一算。二是工商的货物税：商家的货品，抽价值的百分之六（缗钱二千而一算），工业的出品减半，这叫作"算缗钱"（货物的价值听纳税者自己报告，报不实或匿不报的，罚戍边一年，财产没收，告发的赏给没收财产的一半，这叫作"告缗"）。无论当时悭吝的商人怎样叫苦连天（据说当时中产以上的商人大抵因"告缗"破家），这两种新税总不能算什么"横征暴敛"。

那么武帝开边的巨费大部分从何而出呢？除了增税，除了鬻爵（民买爵可以免役除罪，武帝前已然。武帝更设"武功爵"买至五级的可以补官），除了募民入财为"郎"，入奴婢免役；除了没收违犯新税法的商人的财产（据说政府因"告缗"所得，财产以亿计，奴婢以万计；田，大县数百顷，小县百多顷；宅亦如之）外；武帝的生财大道有二：新货币政策的施行和国营工商业的创立。

（一）武帝最初的货币政策，是发行成本低而定价高的新币。以白鹿皮方尺，边加绘绣，为皮币，当四十万钱，限王侯宗室朝觐聘享必须用作礼物。又创铸银锡合金的货币大小凡三种：龙文，圆形，重八两三的当三千；马文，方形的当五百；龟文，椭圆形的当三百。又把钱改轻，令县官镕销"半两钱"，更铸"三铢钱"；后因三铢钱轻小易假，令更铸"五铢钱"。又由中央发行一种"赤仄钱"（赤铜做边的），以一当五，限赋税非赤仄钱不收。但银币和赤仄钱，因为低折太甚，终于废弃。而其他的钱币，因为盗铸者众，量增价贱。于是武帝实行币制的彻底改革。一方面集中货币发行权，禁各地方政府铸钱；一方面统一法币，由中央另铸新钱，把前各地方所造质量参差的旧钱收回镕销。因为新钱的质量均高，小规模的盗铸无利可图，盗铸之风亦息。汉朝的币制到这时才达到健全的地步。集中货币发行权利和统一法币的主张是贾谊首先提出的。

（二）武帝一朝所创的国家企业可分为两类：1. 国营专利的实业；2. 国营非专利的商业。

国营专利的实业，包括盐铁和酒。酒的专利办法是由政府开店制造出售，这叫作"榷酤"。盐的专利办法是由"盐官"备"牢盆"等类煮盐器具，给盐商使用，而抽很重的税，同时严禁民私造煮盐器具。铁的专利办法是由政府在各地设"铁官"主办铁矿的采冶及铁器的铸造和售卖。盐铁官多用旧日的盐铁大贾充当。

国营非专利的商业有两种。其一是行于各地方的。以前郡国每年对皇帝各要贡献若干土产，这些贡品有的因为道路遥远，还不够抵偿运费，有的半途坏损了。有人给武帝出了一条妙计：让这些贡品不要直运京师，就拿来做货本，设官经理，运去行市最高的地方卖了，得钱归公。这叫作"均输"。其二是行于京师的。武帝在长安设了一所可以叫作"国立贸易局"，网罗天下货物，"贱则买，贵则卖"。这叫作"平准"。当时许多商人之被这贸易局打倒是可想见的。

均输、平准和盐铁专利终西汉之世不变。唯榷酤罢于武帝死后六年（前81年）。是年郡国所举的"贤良文学"议并罢盐铁专卖。主持这些国营实业的桑弘羊和他们作了一次大辩论。这辩论的记录便是现存的《盐铁论》。

第四章　汉初的学术与政治

第一节　道家学说的全盛及其影响

汉初在武帝前的六七十年是道家思想的全盛时代，帝国的政治和经济都受它深刻的影响。

为什么道家会在这时有这么大的势力呢？

道家学说的开始广布是在战国末年。接着从秦始皇到汉高祖的一个时期的历史恰好是道家学说最好的注脚，好像是特为马上证实道家的教训而设的。老子说："法令滋章，盗贼多有。"秦朝就是法令滋章而结果盗贼多有。老子说："民不畏死，奈何以死惧之？"秦朝就是以死惧民而弄到民不畏死。老子说："飘风不终朝，骤雨不终日。"秦始皇和楚项羽就都以飘风骤雨的武功震撼一世，而他们所造成的势力都不终朝日。老子说："为者败之，执者失之。"秦始皇就是最"有为"的，而转眼间秦朝败亡；项羽就是一个"战胜而不予人功，得地而不予人利"的坚执者，终于连头颅也失掉。老子说："柔弱胜刚强。"

刘邦就是以柔弱胜项羽至刚至强。老子说"自胜者强",刘邦的强处就在能"自胜"。

他本来是一个"酒色财气"的人,但入了咸阳之后,因群臣的劝谏,竟能"财帛无所取,妇女无所幸",并且对项羽低首下心。老子说:"将欲歙之,必固张之;将欲弱之,必固强之;将欲夺之,必固与之。"刘邦所以成帝业的阴谋,大抵类此。他始则装聋作聩,听项羽为所欲为;继则侧击旁敲,力避和他正面冲突;终于一举把他歼灭。他始则弃关中给项羽的部将,并且于入汉中后,烧毁栈道,示无还心;继则弃关东给韩信、英布,以树项羽的死敌;而终于席卷天下。像这样的例,这里还不能尽举。道家的学说在战国末年既已流行,始皇的焚书,并不能把简短精警的五千言从学人的记忆中毁去。他们当战事平息,痛定思痛之际,把这五千言细加回味,怎能不警觉它是一部天发的神谶。况且当时朝野上下都是锋镝余生,劳极思息;道家"清静无为"的政策正是合口的味,而且是对症的药。我们若注意,当第一次欧洲大战后,于道家学说素无历史因缘而且只能从译本中得到朦胧认识的德国青年,尚且会对老子发生狂热的崇拜,一时《道德经》的译本有十余种(连解释的书共有四五十种)之多,便知汉初黄老思想之成为支配的势力是事有必至的了。

第一个黄老思想之有力的提倡者,是高祖的功臣曹参。他做齐国的丞相时,听得胶西有一位盖公,精通黄老学说,就用厚币请了来,把自己的正房让给他住,常去请教;果然任职九年,人民安集,时称贤相。后来汉丞相萧何死了,曹参被调去继任。他一切遵照旧规,把好出风头的属员都免了职,换用了朴讷的人。他自己天天饮酒，无所事事，有人想劝他做点事，他等那人来时就请他喝酒，那人正想说话时，便敬上一杯，直灌到醉了，那些人终没有说话的机会。丞相府的后园，靠近府吏的宿舍，他们常常饮酒，呼叫和歌唱的声音闹得人不得安静。府吏讨厌了，请丞相去游园，让他听听那种声音，好加以制止；哪知他反在园中摆起酒来，一样的呼叫和歌唱，竟同隔墙的吏人们相应答。继曹参的汉相是另一个高帝的功臣陈平。他虽然不像曹参一般装懒，也是一个黄老信徒。第二个黄老思想有力的提倡者是文帝的皇后窦氏。她自己爱好《老子》不用说，并且令太子和外家的子弟都得读这书。有一次她向一位儒生问及这书，那儒生不识好歹，批评了一句，她便大怒，罚他到兽圈里打野猪，幸亏景帝暗地给了一把特别快的刀，他才不致丧命。她在朝廷中，供养了一位精通黄老学说的处士王生。有一次公卿大会，王生也在场，袜带解了，回头瞧着廷尉（最高执法官）张释之道："给我结袜！"释之跪着给他结了。后来王生解释道，"吾老且贱，自度终无益于张廷尉；廷尉方（为）天下名臣，吾故聊使结袜，欲以重之。"（事在景帝时）一位黄老大师的青睐，能增重公卿的声价，则当时道家地位可想而知了。

文帝对于黄老学说的热心，虽不及他的皇后，但他一生行事，确是守着道家的"三宝"——"一曰慈，二曰俭，三曰不为天下先"。他慈，他废除"收孥相坐"（罪及家属）的律令；废除"诽谤言之罪"；废除"肉刑"（残毁人体的刑）；废除"秘祝"（掌移过于臣下的巫祝）。他首颁养老令，每月以米和酒肉赐给八十岁以上的人；他甚至把人民的田地赋完全免掉（后景帝时恢复）。他俭，他身穿厚缯，有时着草鞋上殿；他最宠爱的慎夫人衣不拖地,帷帐无文绣。有次他想造一座露台,匠人估价需百金,他便道这是中人十家之产,停止不造。他不肯为天下先,所以一任北边的烽火直逼到甘泉;所以酿成淮南王长、济北王兴居的叛变;所以养成吴王濞的跋扈,为日后七国之乱的张本。他的一朝,只有消极的改革,没有积极的兴建;只有保守,没有进取;只有对人民增加放任,没有增加干涉。不独他的一朝,整个汉初的六七十年也大抵如此。

但汉初,尤其是文帝时代,黄老思想之最重要的影响,还在经济方面。自从春秋以来,交通日渐进步,商业日渐发达,贸迁的范围日渐扩张,资本的聚集,日渐雄厚,"素封之家"(素封者,谓无封君之名,而有封君之富),日渐增多,商人阶级在社会日占势力。战国时一部分的儒家(如荀子)和法家(如商鞅、韩非)对这新兴的阶级,都主张加以严厉的制裁;儒家从道德的观点,痛恶他们居奇垄断,括削农民;法家从政治的观点,痛恶他们不战不耕,减损国力。商鞅治秦,按照军功限制人民私有田土奴婢的数量和服饰居室的享用。这是对于商人的一大打击。但他这政策后来被持续到什么程度,还是问题。始皇曾给一个擅利丹穴的富孀筑女怀清台,又使牧畜大王乌氏倮岁时奉朝请,同于封君;他和大资本家是讲过交道的。但至少在灭六国后,他对于一般商人是采用法家的方略,他在琅琊刻石中的自豪语之一是"上农除末"。在兵役法上,他使商人和犯罪的官吏同被尽先征发。

秦汉之际的大乱,对于资本家,与其说是摧残,毋宁说是解放;因为富人逃生,照例比贫民容易;而勾结将吏,趁火打劫,尤其是乱世资本家的惯技,这是最值得注意的事。高帝登极后第三年（前199年）便下令"贾人毋得衣锦绣绮縠纻罽，操兵，乘（车），骑马"（高帝又尝规定商人纳加倍的"算"赋，商人及其子孙不得为官吏，史不详在何年，当去此令不久或与同时）。假如大乱之后，富商大贾所余不多，则这样的诏令根本没有意义，绝不会出现的。此时此令，表示连纯驷马车也坐不起的新兴统治阶级，对于在革命历程中屹立如山的"素封之家"，不免羡极生妒了。高帝此令在商人中间必然惹起很大的忿激。所以过后两年代相陈豨作反，手下的将帅全是商人。但高帝死后不几年，道家放任主义的潮流便把他的抑商政策压倒。关于商人服用之种种屈辱的限制给惠帝撤销了。"市井子孙，不得宦官为吏"的禁令，虽在文景之世犹存，恐亦渐渐地有名无实。在武帝即位之初，十三岁为侍中，后来给武帝主持新经济政策的桑弘羊便是洛阳贾人子。道家放任主义，在经济上之重要的实施莫如文帝五年的取消"盗铸钱令"（此禁令至景帝中元六年始恢复）。于是富商大贾，人人可以自开"造币厂"，利用奴隶和贱值的佣工，入山采铜，无限制地把资本扩大。结果造成金融界的大混乱，通货膨胀，物价飞腾，人民和政府均受其害。

汉朝统一中国后，一方面废除旧日关口和桥梁的通过税，一方面开放山泽，听人民垦殖；这给工商业以一个空前的发展机会。而自战国晚期至西汉上半期是牛耕逐渐推行的时代。农村中给牛替代了的剩余人口，总有一部分向都市宣泄；这又是工商业发展之一种新的原动力。此诸因缘，加以政府的放任，使汉初六七十年间的工商业达到一个阶级，为此后直至"海通"以前我国工商业在质的方面大致没有超出过的。这时期工商界的状况，司马迁在《史记·货殖列传》里有很好的描写，据他的估计，是时通都大邑至少有三十几种企业，各在一定的规模内，可以使企业家每年的收入比得上食邑千户的封君（每户年收二百钱），计：

  酤一岁千酿，醯酱千瓨，浆千甔，屠牛羊彘千皮，贩谷粜千钟，薪藁千车，船长千丈（诸船积长千丈），木千章，竹竿万个，其轺车百乘，牛车千辆，木器髹者千枚，铜器千钧，素木铁器若卮茜千石，马蹄躈千，牛千足，羊彘千双，僮手指千，筋角丹沙千斤，其帛絮细布千钧，文采千匹，榻布皮革千石，漆千斗，糵曲盐豉千荅。鲐鲝千斤，鲰千石，鲍千钧，枣栗千石者三之，狐貂裘千皮，羔羊裘千石，旃席千具，佗果菜千钟，子贷金钱千贯。

富商往往同时是大地主，"专川泽之利，管山林之饶"，或抽岁收千分之五的田租。他们的生活，据晁错所说，是"衣必文采，食必粱肉。……因其富厚，交通王侯；力过吏势，以利相倾；千里游遨，冠盖相望，乘坚策肥，履丝曳缟"。据贾谊说，"白谷之表，薄纨之里"的黼绣，古时天子所服，"今富人大贾，嘉会召客者，以被墙"。

  这时期先后产生了两项制度，无形中使富人成了一种特权阶级。一是买爵赎罪制，始于惠帝时。其制，人民出若干代价（初定钱六万，后有增减），买爵若干级，使得免死刑。于是有了钱的人，简直杀人不用偿命。二是"买复"制，始于文帝时。其制，人民纳粟若干（初定四千石），买爵若干级。便免终身的徭役。汉民的徭役有三种（应役的年限，有些时是从二十三岁到五十六岁，有些时是从二十岁起），一是充"更卒"，就是到本郡或本县或诸侯王府里服役,为期每年一月;但人民可以每次出钱三百替代,谓之"过更"。其次是充"正卒",即服兵役。为期两年,第一年在京师或诸侯王府充卫士;第二年在郡国充材官、骑士(在庐江、浔阳、会稽等处则充楼船兵),在这期内习射御骑驰战阵。其次是戍边,每丁为期一年。除了在北方,边郡的人民不得"买复"外;在其他的地方,上说三种徭役,富人都可以免掉。

当时的儒者,本着儒家思想,对于骄奢的商贾自然主张制裁的。贾谊便是一例。他说,商贾剥蚀农民的结果,"饥寒切于民之肌肤。……国已屈矣,盗贼直须时耳!然而献计者曰,毋动为大耳!夫俗至大不敬也,至无等也,至冒上也,进计者犹曰,毋为!可为长太息者(此其)一也"。这里泄露一个重要的消息,当时得势的黄老派学者无形中竟成了商贾阶级的辩护士(司马迁推崇道家,而亦主张对商人放任。故曰:"善者因之,其次利导之,其次整齐之,最下与之争。"可为旁证)。这却不是因为他们拜金,或受了商人的津贴。道家要一切听任自然,富贾大商的兴起,并非由于任何预定的计划,也可以说是一种自然的现象,道家自然不主张干涉了。他们从没有梦想到人类可以控制自然而得到幸福。"清静无为"之教结果成了大腹贾的护身符!这诚非以少私寡欲为教的老聃所能梦想得到。但事实确是如此滑稽。

但到了黄老学说成为大腹贾的护身符时,黄老的势力就快到末日了。

第二节　儒家的正统地位之确立

儒家在汉朝成立之初，本已开始崭露头角。高帝的"从龙之彦"，固然多数像他自己一般是市井的无赖，但其中也颇有些知识分子。单讲儒者，就有曾著《新语》十一篇，时常强聒地给高帝讲说《诗》《书》的陆贾；有曾为秦博士，率领弟子百余人降汉的叔孙通；而高帝的少弟刘交（被封为楚王），乃是荀卿的再传弟子，《诗》学的名家。高帝即位后，叔孙通奉命和他的弟子，并招鲁国儒生三十多人，共同制作朝仪。先时，群臣都不懂什么君臣的礼节，他们在殿上会饮，往往争论功劳；醉了，就大叫起来，拔剑砍柱。朝仪既定，适值新年，长乐宫也正落成，群臣都到那边朝贺。天刚亮，他们按着等级，一班班地被谒者引进殿门，那时朝廷中早已排列了车骑，陈设了兵器，升了旗帜。殿上传一声"趋"，殿下的郎中们数百人就夹侍在阶陛的两旁；功臣、列侯、诸将军、军吏都向东站立，文官丞相以下都向西站立。于是皇帝坐了辇车出房，百官传呼警卫；从诸侯王以下，直到六百石的吏员依了次序奉贺，他们没一个不肃敬震恐的。到行礼完毕，又在殿上置酒，他们都低着头饮酒，没有一个敢喧哗失礼的。斟酒到第九次，谒者高唱"罢酒"，他们都肃静地退出。高帝叹道："我到今天才知道皇帝的尊贵呢！"于是拜叔孙通为太常（掌宗庙礼仪，诸博士即在其属下，故亦名太常博士），赐金五百斤。他的助手各有酬庸，不在话下。高帝本来轻蔑儒者，初起兵时，有人戴了儒冠来见，总要把解下来，撒一泡尿在里边。但经过这回教训，他对于儒者不能不另眼相看了。后来他行经鲁国境，竟以太牢祀孔子。

高帝死后，儒家在朝中一点势力的萌芽，虽然给道家压倒，但在文景两朝，儒家做博士的也颇不少；儒家典籍置博士可考者有《诗》《春秋》《论语》《孟子》《尔雅》等。而诸侯王中如楚元王交、河间献王德皆提倡儒术，和朝廷之尊崇黄老，相映成趣。元王好《诗》，令诸子皆读《诗》；并拜旧同学申公等三位名儒为中大夫。献王兴修礼乐，征集儒籍，立《毛氏诗》《左氏春秋》博士；言行谨守儒规。山东的儒者多跟随着他。

武帝为太子时的少傅就是申公的弟子王臧，武帝受儒家的熏陶是有素的。他初即位时，辅政的丞相窦婴（窦太皇太后的侄子）和太尉田蚡（武帝的母舅），皆好儒术；他们乃推荐了王臧为郎中令——掌宿宫殿门户的近臣，又推荐了王臧的同学赵绾为御史大夫。在这班儒家信徒的怂恿之下，武帝于即位的次年（建元元年）诏丞相、御史大夫、列侯、诸侯王相等荐举"贤良方正直言极谏之士"来朝廷应试。这次征举的意思无疑的是要网罗儒家的人才。颍川大儒董仲舒在这次廷试中上了著名的"天人三策"。在策尾，他总结道：

《春秋》大一统者，天地之常经，古今之通谊也。今师异道，人异论，百家殊方，指意不同，是以上无以持一统；法制数变，下不知所守。臣愚以为诸不在六艺之科、孔子之术者，皆绝其道，勿使并进。邪辟之说灭息，然后统纪可一，而法度可明，民知所从矣。

同时丞相卫绾也奏道：

所举贤良或治申、商、韩非、苏秦、张仪之言，乱国政，请皆罢。

这奏给武帝批准了。卫绾不敢指斥黄老,因为窦太皇太后的势力仍在,但仲舒所谓"诸不在六艺之科、孔子之术者",则把黄老也包括在内了。当文景时代,太常博士有七十多人,治五经及"诸子百家"的均有。经董、卫的建议,武帝后来把不是治儒家五经的博士,一概罢黜了,这是建元五年(公元前136年)的事。

武帝又听王臧、赵绾的话,把申公用"安车蒲轮"招请了来,准备做一番制礼作乐的大事业,和举行一些当时儒者所鼓吹的盛大的宗教仪式。

儒家的张皇生事已够使窦老太太生气的了。更兼田蚡等,把窦氏宗室中无行的人,除了贵族的名籍,又勒令住在长安的列侯各归本国——住在长安的列侯大部分是外戚,且娶公主,不是窦老太太的女婿,便是她的孙婿,都向她诉怨。建元二年,赵绾又请武帝此后不要向窦氏后奏事。她忍无可忍,便找寻了赵绾、王臧的一些过失,迫得武帝把他们下狱,结果他们自杀。同时窦婴、田蚡也被免职,申公也被送回老家去了。但过了四年,窦老太太寿终内寝,田蚡起为丞相。儒家终底抬头而且从此稳坐了我国思想史中正统的宝座。

儒家之成为正统也是事有必至的。要巩固大帝国的统治权非统一思想不可,董仲舒已说得非常透彻。但拿什么做统一的标准呢?先秦的显学不外儒、墨、道、法。墨家太质朴,太刻苦了,和当时以养尊处优为天赋权利的统治阶级根本不协。法家原是秦自孝公以来国策的基础,秦始皇更把他的方术推行到"毫发无遗憾"。正唯如此，秦朝昙花般的寿命和秦民刻骨的怨苦，使法家此后永负恶名。贾谊在《过秦论》里，以"繁刑严诛，吏治刻深"为秦的一大罪状。这充分地代表了汉初的舆论。墨、法既然都没有被抬举的可能，剩下的只有儒、道了。道家虽曾煊赫一时，但那只是大骚乱后的反动。它在大众（尤其是从下层社会起来的统治阶级）的意识里是没有基础的，儒家却有之。大部分传统信仰，像尊天敬鬼的宗教和孝弟忠节的道德，虽经春秋战国的变局，并没有根本动摇，仍为大众的良心所倚托。道家对于这些信仰，非要推翻，便存轻视；但儒家对之，非积极拥护，便消极包容。和大众的意识相冰炭的思想系统是断难久据要津的。况且道家放任无为的政策，对于大帝国组织的巩固是无益而有损的。这种政策经文帝一朝的实验，流弊已不可掩。无论如何，在外族窥边，豪强乱法，而国力既充，百废待举的局面之下，"清静无为"的教训自然失却号召力。代道家而兴的自非儒家莫属。

第三节　儒家思想在武帝朝的影响

武帝虽然推崇儒家，却不是一个儒家的忠实信徒。他所最得力的人物，不是矩范一代的真儒董仲舒（仲舒应举后，即出为江都相，终身不在朝廷），也不是"曲学阿世"的伪儒公孙弘（虽然弘位至丞相）；而是"以峻文决理著""以鹰隼击杀显"的酷吏义纵、王温舒……之徒，是商人出身的搜括能手桑弘羊、孔仅等。在庙谟国计的大节上，他受儒家的影响甚小，儒家说，

"远人不服，则修文德以来之"；他却倾全国的力量去开边，他对匈奴的积极政策，董仲舒是曾婉谏过的。儒家说，"国不以利为利，以义为利"，他的朝廷却"言利事析秋毫"。他的均输、平准和盐铁政策正是董仲舒所谓"与民争利业"，违反"天理"的。

不过除了形式上表章六艺、罢黜百家外，武帝也着实做了几件使当时儒者喝彩的事。

（一）是"受命"改制的实现，邹衍的"五德终始"说自战国末年以来已成了普遍的信仰，在汉初，这一派思想已完全给儒家吸收了过来，成了儒家的产业。秦朝倒了，新兴的汉朝应当属于什么德呢？当初高帝入关，见秦有青、黄、赤、白帝四个神祇的祠，却没有黑帝，便以黑帝自居。在五行中说黑是和水相配的，高帝遂以为汉朝继承了秦的水德，正朔服色等和"德"有关的制度，一仍旧贯。这倒是百忙中省事的办法。贾谊却以为汉革秦命，应当属于克水的土德，提议改正朔，易服色，并于礼乐、政制、官名有一番兴革，亲自草具方案。在当时的儒者看来，这种改革是新朝接受天命的表示，不可缺的大典。贾谊把草具的方案奏上文帝，但在道家"无为"主义的势力之下，未得施行。这方案的内容现在只知道"色尚黄，数用五"，这两点都给武帝采用了。为着"改正朔"，武帝又征集民间治历者凡十八派，二十余人，互相考较，终于采用浑天家（浑天家是想象天浑圆如鸡子，地是鸡子中黄，天空半覆地上，半绕地下的）落下闳等的测算，制定"太初历"。这历法的内容，详在《汉书·律历志》。这里单表它的两个要点。以前沿用的秦历以一年的长度为 $365\frac{1}{4}$ 日，现在以一年的长度为 $365\frac{385}{1569}$ 日，较精密得多。秦历"建亥"，现在改用"建寅"。这句话得加解释，古人以冬至所在月为子，次月为丑，余类推；建寅就是以寅月（冬至后第二个月）为岁首，余类推。相传夏历建寅，殷历建丑，胡历建子。孔子主张"行夏之时"。太初历建寅（后来直至民国前相沿不改）就是实行孔子的话。

（二）是商人的裁抑。除了特别增加商人的捐税外（详前章），武帝又规定商人不得"名田"（即置田为产业）。"告缗令"（详前章）施行后，据说中产以上的商人大抵破家。

董仲舒曾对武帝建议裁抑富豪和救济农民的办法，他说道：

> 秦……用商鞅之法，改帝王之制，除井田，民得卖买（田）。富者田连阡陌，贫者无立锥之地。又专川泽之利，管山林之饶。荒淫越制，逾侈以相高。邑有人君之专，里有公侯之富，小民安得不困？又加月为更卒，已，复为正（卒）一岁，屯戍一岁。力役三十倍于古，田租口赋盐铁之利二十倍于古。或耕豪民之田，见税什伍。故贫民常衣牛马之衣，而食犬彘之食。重以贪暴之吏，刑戮妄加。民愁无聊，亡逃山林，转为盗贼。赭衣半道，断狱岁以千万数。汉兴，循而未改。古井田法虽难猝行，宜少近古，限民名田（谓限制人民私有田地的数量），以赡不足，塞并兼（资产集中在少数富豪手中，当时叫作"并兼"或兼并）之路。盐铁皆归于民。去奴婢，除专杀之威（废除奴婢制度），薄赋敛，省徭役，以宽民力，然后可善治也。

这是第一次学者为农民向政府请命，这是封建制度消灭后农民生活的血史第一次被人用血写出。这血史并没有引起好大喜功的武帝多大的同情。但他禁商人名田的法令，似乎是受董仲舒"限民名田"的建议的影响。

（三）是教育的推广。在西周及春秋时代，王室和列国已有类似学校的机关，但只收贵族子弟。孟子"设为庠序"以教平民的理想，至武帝方始实现。先时秦朝以来的太常博士，本各领有弟子；但博士弟子的选择和任用，还没有定制，而他们各就博士家受业，也没有共同的校舍。建元元年，董仲舒对策，献议"立大学以教于国，设庠序以教于邑"。后来武帝便于长安城外给博士弟子建筑校舍，名叫"太学"；规定博士弟子名额五十，由"太常择民十八以上、仪状端正者"充当。这些正式弟子之外，又增设跟博士"受业如弟子"的旁听生（无定额），由郡国县官择"好文学，敬长上，肃政教，顺乡里，出入不悖"的少年充当。正式弟子和旁听生均每年考试一次，合格的按等第任用。于太常外，武帝又令天下郡国皆立学校。但这诏令实行到什么程度现在无从得知。先是，景帝末，蜀郡太守文翁在成都市中设立学校，招各县子弟入学；学生免除徭役，卒业的按成绩差使；平常治事，每选高材生在旁听遣，出行则带着他们，让传达教令。县邑人民见了这些学生都钦羡不置，争着送子弟入学。这是我国地方公立学校的创始。

第五章　前汉的衰亡

第一节　汉武帝的内政

汉武帝这个人，武功文治亦有可观。然而他这个人太"不经济"。他所做的事情，譬如"事四夷""开漕渠""徙贫民"，原也是做得的事。然而应当花一个钱的事，他做起来总得花到十个八个，而且绝不考察事情的先后缓急，按照财政情形次第举办。无论什么事情，总是想着就办，到钱不够了，却再想法子，所以弄得左支右绌。至于"封禅""巡守""营宫室""求神仙"，就本是昏聩的事情。我如今且把武帝手里罗掘的事情，举其大者如下。

一、募民入奴婢，得以"终身复"，其本来是"郎"的，就再增加爵秩。后来又命民"买爵""赎禁锢""免赃罪"，特置"武功爵"十七级卖给百姓，共值三十余万金。

二、用齐的大盐商东郭咸阳、南阳大冶孔仅管盐铁。铁器皆归官铸，制盐的，都得用官发的器具。又榷酒酤。

三、算缗钱舟车。做买卖、放利息的人，有资本两千个钱，出一算（一百二十个钱）。做手艺的人，有资本四千个钱，出一算。有轺车的人出一算。商贾有轺车的出两算。船长五丈以上出一算。

四、置均输。用洛阳贾人子桑弘羊做大农丞，又代孔仅等尽管天下盐铁。桑弘羊想了一个法子，叫各处地方把本地的"出口货"作"贡品"，官却把它贩卖到别处。

五、改钱法。秦有天下，仍定以黄金、铜钱为货币。黄金用"镒"计重。铜钱仍照周朝的旧样子，每一个重"半两"，上面就铸着"半两"两个字。汉兴，黄金仍用斤计重，钱文的轻重屡次改变，最后才定为"五铢"。到后来，到底"悉禁郡国毋铸钱，专令上林三官铸。钱既多，而令天下非三官钱不得行。诸郡国前所铸钱皆废销之，输入其铜三官"。钱法才算大定（这一次的办法，却颇合于"货币政策"的原理。所以钱法就此定下来。可见天下事不合学理是不行的）。

以上几条，第一条波及吏治，固不必言。而且"买复"去民太多，则"征发之士益鲜"，就不得不再兴别种苛法。官管盐铁，则物劣而价贵。算舟车，则商贾裹足，物品缺乏。设均输的时候，桑弘羊说："如此，富商大贾，亡所牟大利，则反本，而万物不得腾跃。"则明是和商贾争利，而其害人最甚的，尤要算"算缗"和"变乱钱法"。《汉书·食货志》说："……告缗遍天下，中家以上大抵皆遇告……乃分遣御史廷尉正监分曹往（师古曰：曹，辈也；分辈而出为使也），往即治郡国缗钱，得民财物以亿计，奴婢以千万数，田：大县数百顷，小县百余顷，宅亦如之。于是商贾中家以上大率破。民偷甘食好衣，不事畜臧之业。"这种行为,简直和抢劫无异。论钱法,则文帝时听民铸钱,本已害人不浅。贾生说:"法使天下公得……铸铜锡为钱,敢杂以铅铁为它巧者,其罪黥。然铸钱之情,非淆杂为巧,则不可得赢。而淆之甚微,为利甚厚。夫事有召祸,而法有起奸,今令细民人操造币之执,各隐屏而铸作,因欲禁其厚利微奸,虽黥罪日报,其势不止。乃者民人抵罪,多者一县百数,及吏之所疑,榜笞奔走者甚众。夫县法以诱民,使入陷阱,孰积于此。"又说:"今农事弃捐而采铜者日蕃,释其耒耨,冶熔炊炭。"可谓"怵目刿心"了。到武帝时,"法钱不立",而突然禁民私铸,这时候的钱并不是不能私铸的,而且私铸了是很有利的(大抵禁止私铸,只有两个法子:其一是国家所铸的钱技术极精,人民不能效为;其二是"铸造费"极多,私铸无利。此外都不足恃的。武帝专令上林三官铸钱之后,所铸的钱大约颇为精工。《汉书·食货志》说私铸的人"计其费不能相当",就自然没有人铸了)。政府想借铸钱取利,专靠严刑峻法去禁止人民私铸,于是"自造白金五铢钱后五岁,而赦吏民之坐盗铸金钱死者数十万人。其不发觉相杀者,不可胜计。赦自出者百余万人。然不能半自出,天下大抵无虑皆铸金钱矣",就演变成极大的惨剧了。

　　文景以前,近七十年的蓄积,到此就扫地以尽,而且把社会上的经济,弄得异常扰乱。这都是汉武帝一个人的罪业。然而还有崇拜他的人,不过是迷信他的武功。我说:国家的武功,是国力扩张的自然结果,并非一二人所能为。以武帝时候中国的国力,倘使真得一个英明的君主,还不知道扩充到什么地步呢。"汉武式"的用兵,是实在无足崇拜的。

第二节　霍光废立和前汉的外戚

武帝因相信神仙之故，许多"方士""神巫"都聚集京师，就有"女巫"往来宫中，教"美人"把"木人"埋在地下，说可以度厄。到后来，就互相告讦，以为"咒诅"。于是"巫蛊"之狱起。水衡都尉江充和太子有隙。武帝派他去治此狱，他就说在皇后、太子宫里，得到木人更多。太子急了，要见武帝面诉，江充又不许，太子无法，只得矫诏发兵，把江充杀掉，因而造反，兵败自杀。于是武帝就没有太子，到晚年，婕妤赵氏，生子弗陵，武帝想立他做太子，恐怕身后儿子幼小，母后专权。先把赵婕妤杀掉，然后立他。武帝崩，弗陵立，这个便是昭帝。霍光、金日磾、上官桀，同受遗诏辅政。武帝的儿子燕王旦，因为年纪比昭帝大，反不得立，有怨望之心，和上官桀、桑弘羊同昭帝的姐姐盖长公主等结连谋反，事觉伏诛。自此大权尽归于霍光。昭帝死，无子，此时武帝的儿子只有广陵王胥在。霍光说广陵王曾经犯罪给先帝废掉的，不可立。迎立了武帝的孙子昌邑王贺，一百天，把他废掉了。再迎立戾太子的孙子病已，改名为询，这个便是宣帝。宣帝立，大权还在霍光之手。宣帝少时，因戾太子之故，系掖庭诏狱，几乎丧命。幸而掖庭令丙吉保全他，后来替他娶了个许广汉的女儿。宣帝在民间，就依靠他的外家史氏和丈母家许氏。即位之后，把许氏立为皇后。霍光的夫人名显，想把自己的女儿立作皇后，听得大怒。趁许皇后生了太子（就是元帝），叫一个女医生，进毒药把她药死，霍光的女儿就立作皇后。霍光死后，宣帝渐夺霍氏之权。霍光的儿子禹，侄孙云、山，相对而泣，霍光的夫人也急了，就把当初谋弑许皇后的事情告诉他们，他们大惊道：这是灭族的事，如何使得。于是就有反谋。事情发觉，都给宣帝杀掉（霍皇后也废掉）。霍光的废立，向来读史的人都说他大公无私。把他和伊尹并称，谓之"伊霍"。然而看《汉书·霍光传》，废掉昌邑王之后，杀掉他群臣二百余人。"出死，号呼市中曰：当断不断，反受其乱。"再看《夏侯胜传》："昌邑王嗣立，数出。胜当乘舆前谏曰：天久阴而不雨，臣下有谋上者，陛下出欲何之……是时光与车骑将军张安世欲废昌邑王，光让安世，以为泄语，安世实不言。乃召问胜，胜对言：'在《洪范传》曰："皇之不极，厥罚常阴，时则下人有伐上者，恶察察言，故曰臣下有谋。"'光、安世大惊，以此益重经术士。"则霍光和昌邑王，明是互相龃龉之局。再看后来霍氏的权势和他的结局，则所谓"伊霍"，和历代所谓"权臣"，原相去无几。原来从科学家的眼光看起来，人是差不多的——在科学上，是不承认有什么非常之人，也不承认有什么太善极恶之人的。研究历史的目的，在于把古今的事情互相比较，而观其会通。就是要把许多事情归纳起来，得一个公例。若把儒家改制所托的话，通统认作实在，在后世，都是"欺人孤儿寡妇"的操、莽，而古代忽然有个"天下为公"的尧、舜，在后世，都是"彼可取而代也"的项羽，"大丈夫当如此也"的汉高，而在古代，忽然有个"非富天下"的汤，"以至仁伐至不仁"的武王。那就人的相异"如金石与卉木之不同类"，就无从互相比较，无从把许多事情，归纳了而得其公例，科学的研究，根本取消了。所以这些"偶像"，不能不打破他，并不是要跟死人为难。

霍光秉政的时候，鉴于武帝时天下的疲弊，颇能安静不扰，与民休息。天下总算安稳。霍氏败后，宣帝亲揽大权，宣帝是个"旧劳于外"的人，颇知道民生疾苦，极其留意吏治。武帝和霍光时，用法都极严。宣帝却留意于平恕，也算西汉一个贤君。宣帝死，元帝立，从此以后便步步入于"外戚政治"了。

外戚不是偶然发生的东西，是古代社会组织上当然有的一种阶级。中国从秦汉而后，又有所谓"内重""外重"之局。外重是外有强臣，政府无如之何，到后来便变成"分裂"之局。像后汉变作三国是。内重是中央政府权力甚强，政府说句话，通国都无如之何，到后来便成了权臣篡国之局。像王莽的代汉是。前汉时代，地方政府的权力，本来只有诸侯王是强的。从七国之乱以后，汉初的封建名存而实亡，就成了内重之局；而外戚又是当时社会上一个特别的阶级，那么，汉朝的天下，断送在外戚手里，是势所必至，无可挽回的（因为任用贤才，只有英明的君主才能够，是特别的事情。普通的君主，就只能照常例用人，而当时的社会，还没有脱除阶级思想。照常例用人，不是宗室，就是外戚。宗室是经过七国之乱以后，早已视为"禁忌品"，断不能用它秉政的。那么，照常例用人，就只有外戚。英明的君主，不能常得，所以外戚的被任用，是势所必至，并不是偶然发生的事情）。

汉朝外戚的专权，起于元帝时候。元帝即位，任用外戚史高，又用了旧时的师父萧望之、周堪。元帝是个"柔仁好儒"的人，颇崇信师父说的话。史高心上不大高兴，就和宦官弘恭、石显结连，把萧望之、周堪排挤掉，这是汉朝外戚和宦官发生关系之始。成帝即位，任用外家王氏，王凤、王音相继为相，权力大盛，"郡国守相，皆出门下"，内官更不必说。王氏之势，由此而成。成帝无子，立侄儿子欣做太子，是为哀帝。哀帝颇喜欢大权独揽，要"上法武宣"，然而他这个人，其实是糊涂的。罢斥王氏之后，仍代以外家丁氏和祖母的同族傅氏，又宠爱了嬖人董贤，给他做了大司马。所以政治毫无改善之处。哀帝亦无子，死后，成帝的母亲太皇太后王氏即日驾幸未央宫，收取玺绶，召了他的侄儿子王莽来"定策"。迎立了元帝的孙儿子衎，这个就是平帝，夺掉董贤的官，董贤自杀。又逐去傅氏、丁氏，灭掉平帝的母家卫氏，于是大权尽归于王莽。平帝即位的时候，年尚幼小，到后来长大了，为卫氏之故，心常不悦，为王莽所弑。迎立宣帝的玄孙婴，号为孺子，莽"居摄"，称"假皇帝"，公元9年，把他废掉自立，改国号曰新。

汉世系图

（一）高祖刘邦─┬（二）惠帝盈
　　　　　　　└（三）文帝恒─（四）景帝启─（五）武帝彻
　　　　　　　　　　　　　　　　戾太子据　（六）昭帝弗陵
└（七）宣帝询─（八）元帝奭─┬（九）成帝骜
　　　　　　　　　　　　　├康─（十）哀帝欣
　　　　　　　　　　　　　└兴─（十一）平帝衎

第六章 改制与"革命"

第一节 外戚王氏的专权

武帝死后,经昭帝和宣帝两朝,和平而繁荣的两朝,凡四十四年,而至元帝。

当元帝做太子时,他的爱妃夭死,临死时,自言死于非命,由妾婢诅咒所致。太子悲痛到极,许久不去接近宫里任何女人,长日精神恍惚的。宣帝很替他担心,叫皇后觅些女子,可以开解他的。皇后选了五人,等他来朝时,给他瞧见,并嘱近身的太监暗中探听太子的意思。太子本来没有把这五人看在眼里,怕拂母后意,勉强答道内中有一人可以,却没明说是谁。那太监见五人中独有一人穿着镶大红边的长裾,并且坐的挨近太子,认为就是她,照禀皇后,皇后便命人把她送到太子宫里。她叫作王政君,当年她就生了嫡皇孙,即后来的成帝。

元帝即位,王政君成了皇后,嫡皇孙成了太子。元帝晚年,太子耽于宴乐,很使他失望。而皇后又已失宠。他常想把太子废掉,而另立他新近所恋一个妃嫔的儿子。当他最后卧病时,这妃嫔母子常在他跟前,皇后和太子难得和他见面;他屡次查问从前景帝易置太子的故事。是时皇后、太子和太子的长舅王凤,日夜忧惧,却束手无策,幸亏因一位大臣涕泣力谏,元帝竟息了心。

成帝之世,王凤四兄弟相继以"大司马"的资格(大司马乃是当时最高的军政长官)辅政。据王凤的同僚刘向在一封奏章里的观察:

> 王氏一门,乘朱轮华毂者二十三人。青紫貂蝉,充盈幄内,鱼鳞左右。大将军(王凤)乘事用权,五侯(凤诸弟)骄奢僭盛,并作威福,击断自恣。……尚书九卿,刺史郡守,皆出其门。笠执枢机,朋党比周,称誉者登进,忤恨者诛伤。游谈者助之说,执政者为之言,排摈宗室,孤弱公族,其有智能者,尤非毁而不进。……兄弟据重,宗族盘互。历上古至秦汉,外戚僭贵,未有如王氏者也。

王凤诸弟继任时,虽然不能像他那样专权独断,但王家的势焰,并没有稍减。

王太后的兄弟共八人,唯独弟曼早死,没有封侯,太后很怜念他,他的寡妇住在宫里,抚育着幼子王莽。王氏众侯的公子,个个骄奢淫逸,只知讲究车马声伎。唯独王莽谦恭俭朴,勤学博览,交结贤俊,穿着得同儒生一般。他对寡母,对诸伯叔,对寡嫂孤侄,无不处处尽道,为人所不能为。王凤病,他在跟前侍候,亲自尝药,蓬头垢面,衣不解带,一连好几个月。

王凤临死，特别把他托付给太后和成帝，其他诸伯叔也无不爱重他。他不久便被升擢到侍中（宿卫近臣）并封新都侯。他爵位愈尊，待人愈敬谨。散赀财车马衣裘，以赠送宾客，赡养名士，又广交名公巨卿。于是在朝的推荐他，在野的颂赞他，他隐然为一时人望所寄了。

成帝绥和元年（公元前8年）王莽的叔父大司马王根因病辞职，荐莽自代。这时莽才三十八岁。他虽位极人臣，自奉仍如寒素。有一回，他的母亲病，公卿列侯的夫人来问候，他的夫人出迎，衣不拖地（是时贵妇的衣服是拖地的）。用粗布做"蔽膝"，来宾只当她是婢仆，问知是大司马夫人，无不吃惊。他把受赏赐所得的赀财完全散给寒士。又延聘贤良，以充属吏。他的声誉随爵位而起。

次年三年，成帝死，绝后，以侄定陶王嗣位，是为哀帝。王政君虽然升级为太皇太后，王氏的权势却暂时为哀帝的祖母家傅氏和母家丁氏所压倒。是年七月，王莽称病去职。

第二节 哀帝朝的政治

王莽去职前一月，汉廷议行一大改革，这改革方案的主要条目如下：

（一）一切贵族，官吏及平民，"名田"（谓私有田土）皆不得过三十顷。三年后，过限的充公。

（二）商人皆不得"名田"为吏。

（三）诸侯王蓄奴婢不得过二百人，列侯公主不得过一百人，关内侯及吏民不得过三十人。年六十以上，十以下，不在数中。三年后过限的充公。

（四）官奴婢，年五十以上，解放为平民，宫人年三十以下，出嫁之。

（五）废除"任子令"。任子令的规定是，官吏二千石以上，任职满三年，得荫子弟一人为"郎"，即皇帝的侍从（这种特权的废除，宣帝时已有人主张）。

（六）增加三百石以下的官吏的俸禄。

这改革案的发动人师丹在建议里说道：

> 古之圣王莫不设井田，然后治乃可平。孝文皇帝承亡周乱秦兵革之后……民始充实，未有并兼，故不为民田及奴婢为限。今累世承平，豪富吏民，赀数巨万（谓万万），而贫弱愈困。盖君子为政贵因循而重改作；然所以有改者将以救急也。亦未可详，宜略为限。

我们把这些话和上一章所载六十年前董仲舒对武帝说的话对读，便可见一个时代要求的持续性。

这改革案和王莽的关系，史无明文，但从他日后在政治上的措施看来，他赞成这改革案是无可疑的。

这改革案奏上后，一时奴婢田地的价值大减。但丁、傅两家和哀帝的嬖臣董贤觉得它于自己不便，哀帝诏暂缓施行，结果被判了无期徒刑。不久，哀帝赐董贤田二千顷，就把这改革案中最重要的项目宣告死刑。

董贤是我国历史中一个极奇特的角色。哀帝即位时，他才十七岁，比哀帝少三岁。他生得异常姣好，哀帝做太子时早已倾心于他，即位后，依然时常与他同卧起。他们间有一件千古传为话柄的事，一日午睡，董贤枕着哀帝的衫袖，哀帝要下床，却怕惊醒了董贤，把衫袖剪断而起。他对董贤的赏赐，使得他死后董氏家产被籍没时，卖得四十三万万，这还不足为奇。董贤甫二十二岁，在政治上没有做过一点事，便被册为大司马，册文里并且用了"允执厥中"的典故，那是《书经》所载帝尧禅位于舜时说的话。这册文已够使朝野惊骇了。不久哀帝宴董贤父子，酒酣，从容对董贤说道："吾欲法尧禅舜如何？"

哀帝想效法帝尧，原有特殊的历史背景。秦汉以来深入人心的"五德终始"说早已明示没有一个朝代能够永久。而自昭帝以来，汉运将终的感觉每每流露于儒生、方士之口。昭帝时有一位睦孟因天变上书，有一段说道：

先师董仲舒有言，虽有继体守文之君，不害圣人之受命。汉家尧后（谓汉高帝为帝尧的后裔）有传国之运，汉帝宜……求索贤人，禅以帝位，而退自封百里，如殷、周二王后，以承顺天命。

睦孟虽然以妖言伏诛，其后二十年，在宣帝时，有一位盖宽饶，亦以同类的言论送死。成帝时，大臣谷永因天变上书，也说道："白气起东方，贱人将兴之征也；黄浊（尘）冒京师，王道微绝之应也。"稍后，亦在成帝时，方士甘忠可昌言："汉家逢天地之大终，当更受命于天。"并且供献种种重要"受命于天"的法术。忠可虽以"假鬼神罔上惑众"死于狱中，他的弟子夏贺良又把他的一套向哀帝进献。原来哀帝即位后,久病无子。贺良用这类的话恫吓他:"汉运已经中衰,应当重新接受天命。成帝不应天命,所以绝嗣。如今陛下久病,天变屡次出现,这就是上天的谴告。"哀帝信了他的话,改建平二年(公元前5年)为"太初元将"元年,自号为"陈圣刘太平皇帝",改刻漏百度为百二十度,并大赦天下。这些就是"更受天命"的法术。但是一切实行后,毫无效验。哀帝在计穷望绝之下,又被一种异常的情感所驱使,便自觉或不自觉地要实行眭孟的主张了。

哀帝册命董贤为大司马是在元寿元年(公元前2年)十二月。次年六月,他还没有"法尧禅舜",便仓促死了。

第三节 从王莽复起至称帝

王莽罢政后不久,被遣归"国"(即本封的新都,在今河南),闭门韬晦了三年。吏民上书替他讼冤的有一百多次。后来应举到朝廷考试的士人又在试策里大大讼赞王莽的功德。哀帝于是召他还京,陪侍太皇太后。他还京年余,而哀帝死。哀帝又是绝后,他的母后及祖母又皆已前死,大权又回到太皇太后手,这时她七十二岁了。王莽于哀帝死后不几日,以全朝几乎一致的推举,和太皇太后的诏令,复大司马职。是年九月,他才选了一个年方九岁的中山王做继任的皇帝,这时朝中已没有和王莽不协,或敢和王莽立异的人了。次年,王莽既进号太傅安汉公,位诸侯王上,太皇太后又从群臣的奏请,下诏道:

自今以来，惟封爵乃以闻。他事，安汉公、四辅平决。州牧（成帝末王莽为大司马时，罢刺史，于每州设长官，称州牧）、二千石及茂材吏初除奏事者，辄引入，至近署对安汉公，考故官，问新职，以知其称否。

平帝虽名为天子，连自己的母亲卫后也不得见面。她被禁锢在中山，因谋入长安，全家被诛灭。不久平帝亦郁郁而死。他一共做了五年傀儡。在这五年间，王莽行了不少的惠政和善政，举其要者如下：他大封宗室和功臣的后裔，前后不下二百人。他令官吏自"比二千石"以上，年老退休的，终身食原俸三分之一。值凶年，他献田三十顷，钱百万，以与贫民，同僚仿行的二百三十人。他在长安城中起了五条街，房屋二百所，给贫民居住。他立法，妇女非身自犯法，不受株连；男子八十以上七岁以下，非家犯大逆不道，被诏名捕，不得拘系。他赐天下鳏寡孤独及高年人以布帛。他在郡（王国同）、县（侯国同）、乡、聚（较乡为小）皆设公立学校；在郡的称"学"，在县的称"校"，每所置经师一人；在乡的称"庠"，在聚的称"序"，每所置《孝经》师一人。（《孝经》是战国末出现的一部劝孝的书，托为孔子和弟子对话的记录）。他扩充太学，增加博士人数至每经五人；于五经之外又添立《乐经》；学生增加至万余人，又给太学建筑宏伟的校舍，其中学生宿舍就有万多间。他征求全国通知逸经、古记、天文、历算、乐律、文字训诂、医药、方技和以五经、《论语》、《孝经》、《尔雅》（秦汉间出现的讲训诂的书）教授的人，由地方官以优礼遣送至京；前后应征的凡数千人，皆令在殿庭上记述所学。他又曾奏上"吏民养生、送终、嫁娶、田宅、奴婢之品"；所谓"品"就是分等级的限制。董仲舒、师丹的建议他又打算实行。可惜这方案提出不久，适值卫氏之狱，又被搁起，后来不知何故，竟没有重提，其详细节目不得而考了。

讴歌和拥戴王莽的人自然不会缺少。当平帝选后，王莽拒绝把女儿参加候选时，就每日有千余人，包括平民、学生和官吏，守阙上书，"愿得公女为天下母"，结果他的女儿不待候选便直接做了皇后。当皇后正位后，群臣请求给他"大赏"时，就有八千多人上书附和。当他拒绝接受赏田时，就先后有吏民四十八万七千五百七十二人，上书朝廷，声言对他"亟宜加赏"。

在这时期，王莽处处以周公为榜样，朝野也以周公看待他。传说周公辅政时，有南方远夷越裳氏来献白雉，为周公功德及远的表征；是时也有益州塞外（今安南境）蛮夷，自称越裳氏，来献白雉和黑雉，其后四夷声言因慕义而来朝贡的络绎不断。周公"托号于周"，所以朝廷的公论要给王莽以安汉公的称号。周公位居总领百僚的太宰，所以朝廷的公论要为他特设"宰衡"一职，位在诸侯王之上（宰衡是兼采太宰和阿衡之号，商汤大臣伊尹，号阿衡，曾辅汤孙太甲）。周公的七个儿子都封为诸侯，所以朝廷的公论要把他的两个儿子（他原有四子，一因杀奴，为他迫令自杀；一因助卫氏，伏诛；后来又一因谋杀他，为他迫令自杀）都封侯。最后，传说周公当成王幼小时，曾暂时替代他做天子，谓之"居摄"，于是就有一位侯爵的宗室上书，说"今帝富于春秋，宜令安汉公行天子事，如周公"。这件想象的史事正要开始重演时，平帝病死，又是绝后。是月就有人奏称，武功县长淘井，得白石，上有丹漆写的文字："告安汉公莽为皇帝"。王莽却经间卜和看相之后，选了一个最吉的两岁的宗室子婴，做平帝的后嗣，同时他受同僚的推戴和太皇太后勉强下的诏令，实行"居摄"，他令臣民称他为"摄皇帝"。他的祭祀及朝见太皇太后时，自称"假皇帝"（假有代理之意，非言伪）。

在王莽"居摄"的头两年间，安众侯刘崇及东郡太守翟义先后起兵讨伐他，皆败死。第三年（公元8年），宣示天意要王莽做皇帝的"符命"接叠而起。是年十一月，王莽奏上太皇太后，请（许莽）：

> 共事神祇宗庙，奏言太皇太后，孝平皇后，皆（仍）称假皇帝，其号令天下，天下奏言事，毋言摄，以居摄三年为初始元年，漏刻以百二十为度，用应天命。臣莽夙夜养育，隆就孺子，令与周之成王比德；宣明太皇太后威德于万方，期于富而教之。

孺子加元服，"复子明辟"（谓待子婴长大后，还他帝位），如周公故事。

次月，某日黄昏时，有梓潼人哀章，穿着黄衣，拿了一个铜盒，送到汉高祖庙。盒里装着两卷东西：一卷题为《天帝行玺金匮图》，一卷题为《赤帝行玺刘邦传予黄帝金策书》。策书的大意是说王莽应为真天子，太皇太后应从天命。守庙的人奏闻王莽。次日一早王莽便到高庙拜受这铜盒，即所谓"金匮"，然后谒见太皇太后，然后还坐殿廷，下书道：

> 予以不德，托于皇初祖考黄帝之后，皇始祖考虞帝之苗裔，而太皇太后之末属。皇天上帝隆显大佑，成命统序，符契图文，金匮策书，神明诏告，属予以天下兆民。

赤帝汉氏高皇帝之灵,承天命,传国金策之书,予甚祗畏,敢不钦受?以戊辰直"定"(定是建除等十二日次之一),御王冠,即真天子位。定有天下之号曰"新"。其改正朔,易服色,变牺牲,殊徽帜,异器制。以十二月朔癸酉为始建国元年正月之朔。

第四节　王莽的改革

王莽即位后,除了"改正朔,易服色……"外,还要改变全国的经济机构。他自从少年得志以来,可谓从心所欲,无不成为事实。现在他要依照先圣的启示、理性的唤召,为大众的福利,和社会的正义,去推行一种新经济的制度,还会遇到不可克服的阻碍吗?孟子所提倡而认为曾经存在过的"井田"制度,时常闪烁于西汉通儒的心中。不过董仲舒和师丹都认为"井田"制"难猝行",不得已而思其次,提出"限民名田"的办法。王莽在胜利和乐观、信古和自信之余,便完全看不见董仲舒和师丹所看见的困难了。他不但要实行"井田"制度,并且要同时改革奴隶的制度,始建国元年(公元9年)王莽下诏道:

古考设庐井八家,一夫一妇田百亩,什一而税,则国给民富而颂声作。此唐、虞之道,三代所遵行也。秦为无道……坏圣制,废井田,是以兼并起,贪鄙生,强者规田以千数,弱者曾无立锥之居。又置奴婢之市,与牛马同栏,制于民臣,专断其命(谓吏民得擅杀奴婢)。奸虐之人,因缘为利,至略卖人妻子。逆天心,悖人伦,谬于"天地之性人为贵"(语出《孝经》)之义。……汉氏减轻田租,三十而税一,常有更赋,疲癃咸出。而豪民侵陵,分田劫假。厥名三十税一,实什税五也。父子夫妇,终年耕耘,所得不足以自存。故富者犬马余菽粟,骄而为邪;贫者不厌糟糠,穷而为奸。俱陷于辜,刑用不措。……今更名天下田曰王田,奴婢曰私属,皆不得买卖。其男口不盈八而田过一井者,分余田予九族邻里乡党。故无田,今当受田者如制度。致有非井田圣制,无法惑众者,投诸四裔,以御魑魅,如皇始祖考虞帝故事。

这道诏书亦宜与董仲舒请限民名田及废除奴婢的奏章对读。这道诏书所提出的改革,分析如下:

(一)田地国有,私人不得买卖(非耕种的土地,似不在此限)。

(二)男丁八口以下之家占田不得过一井,即九百亩。关于男丁八口以上之家无明文,似当以"八丁一井"的标准类推,有爵位食赏田的当不在此限。

(三)占田过限的人,分余田与宗族乡邻。

(四)无田的人,政府与田;所谓"如制度",似是依"一夫一妇田百亩"的办法。有田不足此数的亦当由政府补足。

(五)现有的奴婢,不得买卖(但没有解放)。买卖自由人为奴婢,虽没有提及,当亦在禁止之列。现有的奴婢的子孙是否仍听其承袭为奴婢,亦没有明文。若是,则是王莽要用渐进的方法废奴;若否,则他并不是要完全废奴。

这道诏令实际上曾被施行到什么程度，不可确考，据说"坐卖买田宅奴婢……自诸侯卿大夫至于庶民，抵罪者不可胜数"。可惜这几句话太笼统了。这道诏令的推行所必当碰到的困难和阻碍是怎样，历史上亦没有记载。但是到了始建国四年，有一位中郎将区博进谏道：

> 井田虽圣王法，其废久矣。……今欲违民心，追复千载绝迹，虽尧、舜复起，而无百年之渐，弗能行也。天下初定，万民新附，诚未可施行。

王莽听了他的话，便下诏：

> 诸名食王田，皆得卖之，勿拘以法，犯私买卖庶人者，且一切勿治。

这里只涉及上列的第一项及第五项的一部分。其余各节不知是否亦连带撤销。但我们要注意，他的解禁并不否认始建国元年的诏令在四年间所已造成的事实。

除了关于土地和奴婢的新法外，王莽在民生及财政上还有六种重要的兴革：

（一）国营专利事业的推广。武帝时国家已实行盐铁和酒的专卖，其后酒的专卖废于昭帝时。盐铁的专卖，元帝时废而旋复。王莽除恢复酒的专卖外，更推广国家独占的范围及于铜冶和名山大泽的资源的开采，同时厉禁人民私自铸钱。

关于这一项立法的用意，王莽曾有诏说道：

> 夫盐，食肴之将（将帅）；酒，百药之长，嘉会之好；铁，

田农之本；名山大泽，饶衍之藏；五均赊贷，百姓所取平，仰以给赡；钱布铜冶，通行有无，备民用也。——此六者非编户齐民所能家作，必仰于市，虽贵数倍，不得不买，豪民富贾，即要（要挟）贫弱。先圣知其然也，故斡（谓由国家经营）之。

（二）国家放款的创始。人民因祭祀或丧事所需，得向政府借款，不取利息；还款期限，祭祀十日，丧事三月。人民因经营生业，得向政府借款，每年纳息不过纯净赢利的十分之一。

（三）国营"平价"贸易的创始。五谷布帛丝绵等类日常需用之物，遇滞销时，由政府照本收买。政府在各地算出这类货物每季的平均价格（各地不必同）。若货物的市价超过平均价，则政府照平均价出卖，若低过平均价，则听人民自相买卖。这制度虽然与武帝所行的平准法有点相似，但用意则极不相同，后者目的在政府赢利，前者则在维持一定的物价水准，便利消费者而防止商人的囤积居奇。

（四）荒弃土地税的创始。不耕的田和城郭中不种植的空地皆有税。

（五）处理无业游民的新法。无业的人每丁每年须缴纳布帛一匹，不能缴纳的由县官征服劳役，并供给其衣食。

（六）所得税的创始。对一切工商业（包括渔猎牧畜，巫医卜祝，旅店经营以至妇女之养蚕、纺织和缝补），取纯利十一分之一，叫作"贡"，政府收入的一贡即为放款与人民的本钱。贡税与现代所得税的异点在前者没有累进的差别，亦没有免征的界限。

以上的制度，除铜冶的专利公布于始建国元年外，其余皆在始建国二年以后陆续公布，其被实际施行的程度和推行时所遇的困难和阻碍，历史上亦均无记载。铜冶的专利弛于始建国五年，山泽的专利弛于地皇三年（公元22年），次年王莽便败死。

第五节　新朝的倾覆

王莽对于立法的效力有很深的信仰，他认为"制定天下自平"。除上述一切关于民生和财政的新法外，他对于中央和地方的官名官制，行政区域的划分以及礼乐刑法无不有一番改革。他自即位以来，日夜和公卿大臣们引经据典地商讨理想的制度，议论连年不休。他沿着做大司马时的习惯，加以疑忌臣下，务要集权揽事，臣下只有唯诺敷衍，以求免咎。他虽然忙到每每通宵不眠，经常的行政事务，如官吏的遴选、讼狱的判决等却没有受到充分的理会。有些县甚至几年没有县长，缺职一直被兼代着。地方官吏之多不得人是无足怪的。更兼他派往各地的镇守将军，"绣衣执法"，以及络绎于道的种种巡察督劝的使者又多是贪残之辈，与地方官吏相缘为奸。在这样的吏治情形之下，即使利民的良法，也很容易变成病民。何况像贡税和荒地税本属苛细。国家专利的事业禁民私营。像铸钱和铜冶，犯者邻里连坐，这又给奸吏以虐民的机会。

在王莽的无数改革中有一件本身甚微而影响甚大的，即王爵的废除，因此从前受汉朝册封为王的四夷的君长都要降号为侯，并且更换玺印。为着这事，朝鲜的高句丽、西南夷句町先后背叛。王莽对他们纯采高压政策。他派十二将，领甲卒三十万，十道并出，去伐匈奴。因为兵士和军用的征发的烦扰，内郡人民致有流亡为盗贼的，并州、平州尤甚。出征的车队屯集在北边，始终没有出击的机会。边地粮食不给，加以天灾，起大饥荒，人民相食，或流入内郡为奴婢。边地的屯军，生活困苦，又荼毒地方，五原、代郡，受祸尤甚；其人民多流为盗贼，数千人为一伙，转入旁郡，经一年多，才被平定。北边郡县却大半空虚了。为伐匈奴，强征高句丽的兵，结果高句丽亦叛，寇东北边。征句町的大军，十分之六七死于瘟疫，而到底没有得到决定的胜利。为给军用，赋敛益州人民财物，至于十收四五。益州因而虚耗。以上都是王莽即位以来八年间的事。

从新朝的第九年（是年莽六十二岁）至第十四年（公元17至22年）间，国内连年发生大规模的天灾；始而枯旱，继以飞蝗。受灾最重的地方是青、徐二州（今山东的东南部和江苏的北部）和荆州（今河南的南部和湖北的北部）。灾害的程度，除了表现于四方蜂起的饥民暴动外，还有二事可证：其一，山东饥民流入关中求食的就有数十万人；其二，王莽分遣使者往各地，教人民煮草木为"酪"，以代粮食，这种"酪"却被证明是无效的替代品。

暴动的饥民，起初只游掠求食，常盼年岁转好，得归故里；不敢攻占城邑，无文告旗帜，他们的魁帅亦没有尊号，他们有时俘获大吏也不敢杀害。因将吏剿抚无方，他们渐渐围聚，并和社会中本来不饥的枭悍分子结合，遂成为许多大股的叛党。其中最著者为萌芽于琅邪而蔓延于青、徐的"赤眉"（叛徒自赤其眉，以别于官军，故名）；和最初窟穴于绿林山（在今湖北当阳）而以荆州为活动范围的绿林贼。二者皆兴起于新朝的第九年。绿林贼后来分裂为下江兵和新市兵。

第十三年（即地皇二年，公元21年），王莽遣太师羲仲景尚、更始将军王党将兵击青、徐。同时又遣将击句町，并令天下转输谷帛至北边的西河、五原、朔方和渔阳诸郡，每郡以百万数，预备大举伐匈奴。是年曾以剿贼立大功，领青、徐二州牧事的田况，上平贼策道：

> 盗贼始发，其原甚微，部吏伍人所能擒也。咎在长吏不为意，县欺其郡，郡欺朝廷，实百言十，实千言百。朝廷忽略，不辄督责，遂致延蔓连州。乃遣将率（率乃新朝将帅之称）多发使者，传相监趣（促）。郡县力事上官，应塞诘对。供酒食，具资用，以救断斩。不给（暇）复忧盗贼，治官事。将率又不能躬率吏士，战则为贼所破，吏气浸伤，徒费百姓。前幸蒙赦令，贼欲解散，或反遮击，恐入山谷转相告语。故郡县降贼，皆更惊骇，恐见诈灭。因饥馑易动，旬日之间，更十余万人。此盗贼所以多之故也。今洛阳以东，米石二千。窃见诏书欲遣太师、更始将军（指羲仲景尚与王党）。二人爪牙重臣，多从人众，道上空竭；少则无以威视远方。宜急选牧尹以下，明其赏罚。收合离乡、小国、无城郭者，徙其老弱，置大城中，积藏谷食，并力固守。贼来攻城则不能下，所过无食，势不得群聚。如此招之必降，击之则灭。今空复多出将率，郡县苦之，反甚于贼。宜尽征还乘传诸使者，以休息郡县，委任臣况以二州盗贼，必平定之。

王莽不听，反免田况职，召还京师。

第十四年二月，羲仲景尚战死。四月，莽继派太师王匡和更始将军廉丹，将锐士十余万，往征青、徐。大军所过百姓唱道：

宁逢赤眉，
不逢太师。
太师尚可；
更始杀我！

十月，廉丹战死，全国震动。十一月，下江、新市兵与平林、舂陵兵联合。平林、舂陵兵，皆以其兴起之地名，先后皆于是年兴起。舂陵兵的领袖乃汉朝皇室的支裔，刘縯和刘秀两兄弟。

第十五年，二月，下江、新市等联军拥立刘玄为皇帝，改元更始。刘玄亦汉朝皇室的支裔，他即位之日，对郡臣羞愧流汗，举手不能言语。是时联军攻宛城未下，他驻跸宛城下。三月王莽诏发郡国兵四十余万，号百万，会于洛阳，以司空王邑、司徒王寻为将。五月，二王率其兵十余万由洛阳向宛进发，路过昆阳，时昆阳已降于联军，二王首要把它收复。部将严尤献议道："今僭号的人在宛城下，宛城破，其他城邑自会望风降服，不用费力。"王邑道："百万大军，所过当灭，如今先屠此城，喋血而进，前歌后舞，岂不快哉！"于是纵兵围城数十重，城中请降，王邑不许。严尤又献计道：兵法上说"归师勿遏，围城为之阙"，可依此而行，使城中贼得路逃出，好惊怖宛下。王邑不听。先是当城尚未合围时，刘秀漏夜从城中逃出，请救兵。六月刘引救兵到，自将步骑千余为前锋。二王亦派兵迎击，却连战皆败。刘秀乃率敢死队三千人从城西水上冲官军的中坚。二王根本轻视他，自将万余人出阵，令其他营伍各守本部，不得擅动。二王战不利,大军又不敢擅来救援。二王阵乱,刘秀乘势猛攻,杀王寻。城中兵亦鼓噪而出,内外夹击,震呼动天地,官军大溃,互相践踏,伏尸百余里。是日风雷大作,雨下如注,近城的河川盛潦横溢,官兵溺死以万计,得脱的纷纷奔还本乡。王邑只领着残余的"长安勇敢"数千,遁归洛阳。消息所播,四方豪杰,风起云涌地举兵响应,旬日之间,遍于国中,他们大都杀掉州牧郡守,自称将军,用更始的年号,等候着新主的诏命。九月,响应更始的"革命"军入长安,城中市民亦起暴动相应,王莽被杀,手刃他的是一个商人。他的尸体被碎裂,他的首级被传送到宛。

做过王莽的"典乐大夫"的桓谭在所著《新论》里曾以汉高帝与王莽比较,指出王莽失败的原因,说道:

> 维王翁(即莽)之过绝世人有三焉:其智足以饰非夺是,辨能穷诘说士,威则震惧群下,又数阴中不快己者。故群臣莫能抗答其论,莫敢干犯匡谏。卒以致亡败。其不知大体之祸也。夫(知)帝王之大体者,则高帝是已。高帝曰:张良、萧何、韩信,此三子者,皆人杰也。吾能用之,故得天下,此其知大体之效也。王翁始秉国政,自以通明贤圣,而谓群下才智莫能出其上,是故举措兴事,辄欲自信任,不肯与诸明习者通……稀获其功效焉。故卒遇破亡。此不知大体者也。高帝怀大智略,能自揆度。群臣制事定法,常谓曰:庳而勿高也,度吾所能行为之。宽度内疏,政合于时。故民臣乐悦,为世所思。此知大体者也。王翁嘉慕前圣之治……欲事事效古……而不知己之不能行其事。释近趋远,所尚非务。……此不知大体者也。

高祖欲攻魏，乃使人窥视其国相，及诸将卒左右用事者。乃曰：此皆不如吾萧何、曹参、韩信、樊哙等，亦易与耳。遂往击破之，此知大体者也。王翁前欲北伐匈奴，及后东击青、徐众郡赤眉之徒，皆不择良将，但以世姓及信谨文吏，或遣亲属子孙素所爱好，或无权智将帅之用。猥使据军持众，当赴强敌。是以军合则损，士众散走。……（此）不知大体者也。

第六节　东汉的建立及其开国规模

新朝倒塌后，革命势力的分化和冲突，乘时割据者的起仆，和一切大规模和小规模的屠杀、破坏，这里都不暇陈述。总之，分裂和内战，继续了十四年，然后全中国统一于刘秀之手。

刘秀成就帝业的经过，大致如下。他起兵初年追随其兄刘縯之后。昆阳之战后不久，刘縯为更始所杀。时秀统兵在外。闻讯立即驰往宛城，向更始谢罪，沿途有人吊唁，他只自引咎，不交一句私语，他没有为刘縯服丧，饮食言笑，一如平常。更始于是拜他为破虏大将军，封武信侯。是年，更始入驻洛阳，即派他"行大司马事"，去安抚黄河以北的州郡。当他渡河时，除了手持的麾节外，几乎什么实力也没有。他收纳了归服的州郡，利用他们的兵力去平定拒命的州郡。在两年之间，他不独成黄河以北的主人，并且把势力伸到以南。在这期间，更始定都于长安，封他为萧王；他的势力一天天膨胀；更始开始怀疑他，召他还京了；他开始抗拒更始的命令了，他开始向更始旗下的将帅进攻了。最后，在更始三年六月，当赤眉迫近长安，更始危在旦夕的时候，他即皇帝位于鄗南，改元建武，仍以汉为国号（史家称刘秀以后的汉朝为后汉或东汉，而别称刘秀以前的汉朝为西汉）。先是，有一位儒生从关中带交他一卷"天书"，上面写着：

> 刘秀发兵捕不道，
> 四夷云集龙斗野；
> 四七之际火为主。

是年，赤眉入长安，更始降。接着，刘秀定都于洛阳。十二月，更始为赤眉所杀。赤眉到了建武三年春完全为刘秀所平定。至是，前汉疆域未归他统治的，只相当于今甘肃、四川的全部和河北、山东、江苏的各一部分而已。这些版图缺角的补足，是他以后十年间从容绰裕的事业。

刘秀本是一个没有多大梦想的人。他少年虽曾游学京师，稍习经典，但他公开的愿望只是：

> 作官当作执金吾，
> 娶妻当娶阴丽华。

执金吾仿佛京城的警察厅长，是朝中的第三四等的官吏。阴丽华是南阳富家女，著名的美人，在刘秀起兵的次年，便成了他的妻室。他的起兵并不是抱着什么政治的理想。做了皇帝以后，他心目中最大的政治问题似乎只是怎样巩固自己和子孙的权位而已。他在制度上的少数变革都是朝着这方向的。第一是中央官制的变革。在西汉初期，中央最高的官吏是辅佐君主总理庶政的丞相和掌军政的太尉、掌监察的御史大夫，共为三公。武帝废太尉设大司马，例由最高的统兵官员"大将军"兼之。成帝把御史大夫改名为大司空，哀帝又把丞相改名为大司徒。在西汉末期，专政的外戚例居大司马、大将军之位，而大司徒遂形同虚设了。刘秀把大司徒、大司空的大字去掉，反大司马复称太尉，不让大将军兼领。同时他"愠数世之失权，忿强臣之窃命，矫枉过直，政不任下，虽置三公，备员而已"（东汉人仲长统语）。他把三公的主要职事移到本来替皇帝掌管文书出纳的尚书台。在官职的等级上，尚书台的地位是很低的。它的长官尚书令禄只千石，而三公禄各万石。他以为如此则有位的无权，有权的无位，可以杜绝臣下作威作福了。第二是地方官制的变革。西汉末年，把刺史改称为州牧，把他的秩禄从六百名增到二千石，但他的职权并没有改变。州牧没有一定的治所，每年周行所属郡国，年终亲赴京师陈奏。他若有所参劾，奏上之后，皇帝把案情发下三公，由三公派员去按验，然后决定黜罚。刘秀定制，州牧复称刺史，有固定治所，年终遣吏入奏，不用亲赴京师，他的参劾，不再经三公按验，而直接听候皇帝定夺。这一来三公的权减削而刺史的权提高了。第三是兵制的变革。刘秀在建武七年三月下了一道重要的诏令道：

> 今国有众军，并多精勇。宜且罢轻车、骑士、材官、楼船士……

这道诏令的意义，东汉末名儒应劭（曾任泰山太守）解释道：

> （西汉）高祖命天下郡国选能引关蹶张、材力武猛者，

以为轻车、骑士、材官、楼船。常以立秋后,讲肄课试,各有员数。平地用(轻)车、骑(士),山阻用材官,水泉用楼船。……今悉罢之。

这道诏令使得此后东汉的人民虽有服兵役的义务,却没有受军事训练的机会了。应劭又论及这变革的影响道:

自郡国罢材官、骑士之后,官无警备,实启寇心。一方有难,三面救之,发兴雷震……黔首嚣然。不及讲其射御……一旦驱之以即强敌,犹鸠鹊捕鹰鹯,豚羊弋豺虎。是以每战常负。……尔乃远征三边,殊俗之兵,非我族类,忿鸷纵横,多僵良善,以为己功,财货粪土。哀夫! 民氓迁流之咎,见出在兹。"不教民战,是为弃之。" 迹其祸败,岂虚也哉!

末段是说因为郡国兵不中用,边疆有事,每倚靠雇佣的外籍兵即所谓胡兵;而胡兵凶暴,蹂躏边民,又需索犒赏,费用浩繁。应劭还没有说到他所及见的一事:后来推翻汉朝的董卓,就是胡兵的领袖,凭借胡兵而起的。

郡国材官、骑士等之罢,刘秀在诏书里明说的理由是中央军队已够强众,用不着他们。这显然不是真正的理由。在征兵制度之下,为国家的安全计,精强的兵士是岂会嫌多的? 刘秀的变革无非以强干弱枝,预防反侧罢了。郡国练兵之可以为叛乱的资借,他是亲自体验到的。他和刘縯当初起兵,本想借着立秋后本郡"都试"——即壮丁齐集受训的机会,以便号召,但因计谋泄露而提早发难。当他作上说的诏令时,这件故事岂能不在他心头?

第七章　后汉的兴衰

第一节　后汉的武功

　　光武既定天下，颇能轻徭薄赋，抚绥百姓。明帝、章帝两代，也颇能谨守他的成法。所以这三代，称为东汉的治世。然而东汉一代，内治上的政策，不过因袭前汉，无甚足述。只有明、章、和三代的戡定外夷，却是竟前汉时代未竟之功，而替后来五胡乱华伏下一个种子，其事颇有关系，现在述其大略如下。

　　匈奴从呼韩邪降汉之后，对中国极为恭顺。后来休养生息，部落渐渐盛了，就埋下一个背叛骄恣的根源。再加以王莽时，抚驭的政策失宜，于是乌珠留若鞮和呼都而尸两单于，就公然同中国对抗，北边大受其害。公元46年，呼都而尸单于死，子蒲奴立，连年旱蝗，赤地千里。乌桓乘隙攻破之，于是匈奴北徙数千里，漠南遂空。先是呼韩邪单于约自己的儿子，依次序立作单于，所以从呼都而尸以前六代，都是弟兄相及。呼都而尸要立自己的儿子，把兄弟知牙斯杀掉。乌珠留的儿子比，领南边八部，心不自安，公元48年，自立作呼韩邪单于，投降中国。于是匈奴分为南北。南匈奴的单于，入居西河美稷县（如今的鄂尔多斯左翼中旗）分派部下，驻扎边地，帮汉巡逻守御。汉人也待他甚厚。章帝末年，北匈奴益形衰弱，南匈奴想要并吞它，上书请兵。刚刚章帝死了，和帝即位，窦太后临朝，派自己的哥哥窦宪出兵，大破北匈奴于稽落山，勒石燕然山而还（大约在如今杭爱山一带）。过了两年（公元91年），窦宪又派左校尉耿夔出兵，大破北匈奴于金微山。这一次出塞五千余里，为从前汉以来出兵所未曾到（金微山，大约在外蒙的极西北）。从此以后，匈奴就远引而去，其偶然侵犯西域的，都只是它的分部。正支西入欧洲，就做了后世的匈牙利人［匈奴龙庭，《史记》《汉书》都没有明说，它的地方大约从汉开朔方郡以前，在阴山山脉里，所以侯应议罢边塞事，说："北边塞至辽东，外有阴山，东西千余里，草木茂盛，多禽兽，本冒顿单于，依阻其中，治作弓矢，来出为寇，是其苑囿也。"（见《汉书·匈奴传》）儿单于以后，所住的地方，离余吾水很近——天汉四年，且鞮侯单于悉远其累重于余吾水北，而自以精兵十万待水南。征和二年，右贤王驱其人民度余吾水六七百里。居兜衔山，壶衍鞮单于时，北桥余吾，令可渡，都见《汉书·匈奴传》——余吾和仙娥，似乎是一音之转。那么，匈奴徙居漠北之后，是住在如今色楞格河域的，这种人，从中国本部的北方，逃到漠南。从漠南逃到漠北，再从漠北辗转迁入欧洲，种族的迁移，可谓匪夷所思了］。

王莽末年，不但匈奴背叛，就西域也都解体。然而这时候，匈奴也无甚力量慑服西域。所以西域地方，就变作分裂的形势。北道诸国，臣服匈奴，南道地方，却出了一个莎车王贤，战胜攻取，降伏各国。光武帝既定天下，西域十八国遣子入侍，要求中国再派都护。光武帝恐劳费中国不许，于是西域和中国断绝关系。明帝时，大将军窦固，派假司马班超，出使鄯善（楼兰的改名）。鄯善王广，待超甚恭。数日之后，忽然怠慢。超知有匈奴使者至，激励部下三十六人，乘夜攻杀之。鄯善人大惧，情愿投降，班超回国，窦固奏上他的功劳，明帝就真让他做军司马，叫他再立功西域。于是班超仍带了前此的三十六人到西域去，这时候，于阗王广德攻杀了莎车王贤，称霸南道，而龟兹王建，倚仗匈奴的势力，攻杀疏勒国王而立了他的臣子兜题。班超先到于阗国去，在于阗王面前杀掉匈奴的使者，胁降了他。又差一个小吏田虑，走小路到疏勒去，出其不意把兜题拿住，自己跟着去，立了疏勒旧王的儿子，名字唤作忠的。于是西域诸国，纷纷进来朝贡。这时候，是公元73年，西域诸国已经和中国断绝关系六十五年了。汉朝也出兵北路，打破车师，再立西域都护和戊己校尉。公元75年，明帝崩，龟兹等国背叛，攻没都护，朝廷以为事西域繁费，就废掉都护和校尉，并召班超回国。班超要行，疏勒人怕受龟兹侵犯，留住他不放。于是班超就留居西域。公元80年，班超上书，请平定西域，平陵人徐干，也奋身愿意帮助班超。章帝给他一千多人，带到西域去，就让班超做西域都护。于是班超调用诸国的兵，把西域次第平定，班超在西域，直到公元109年才回国。任尚代他做都护，以峻急，失诸国欢心。和帝初年，诸国一时背叛，邓太后仍用了班超的儿子班勇，才把它镇定。班超带着区区三十六人，平定西域，真是千古的大英雄。他的事迹，本书限于篇幅，苦难详举，读者诸君，可以合着《汉书》《后汉书》的《西域传》参考一遍。

班超平定西域，葱岭以西诸国都来朝贡。公元104年，班超差部将甘英前往大秦，走到条支，临大海欲渡，"安息西界船人谓英曰：海水广大，往来者逢善风，三月乃得度。若遇迟风，亦有二岁者。故入海人皆赍三岁粮。海中善使人思土恋慕，数有死亡者"，甘英就折了回来。大秦，就是统一欧洲的罗马，这时候，从亚洲到欧洲，陆路不通，甘英所拟走的，是渡红海到欧洲的一条路。安息西界船人的话，历史上说是安息要阻碍中国和罗马交通，故意说的，其实都是实情。详见洪氏钧的《元史译文证补》。中国和欧洲的交通，此次将通又阻，直到桓帝延熹初，"大秦王安敦，遣使自日南徼外献象牙、犀角、玳瑁，始乃一通焉"。这大秦王安敦，据现在史家考校，便是生于公元121年，殁于公元180年的Marcus Aurelius An（班勇平定西域，只限于葱岭以东，葱岭以西遂绝）。还有汉朝人和西羌人的交涉，这件事，是后汉分裂做三国和五胡之乱的直接原因，在《近古卷》里讲。

第二节　后汉的外戚和宦官

前汉给外戚篡夺，后汉仍旧用外戚，这件事情，用后世人的眼光看起来，很觉得稀奇，然而无足为怪。我早说过，外戚是一种"特殊阶级"。凡是一种特殊阶级,不到它应当灭亡的时候,无论它怎样作恶,人家总只怪着阶级里的人,并不怪着阶级的本身,这是社会的觉悟,有一定的限度,也是无可奈何的事情。

后汉外戚之祸,起于章帝时。章帝娶宋杨两个女儿做贵人,大贵人生子庆,立作太子。小贵人生子肇,皇后窦氏,养为己子。窦皇后潜杀二宋贵人,又废掉太子庆,改立肇做太子。章帝崩,肇立,是为和帝。太后临朝,用哥哥窦宪做大将军,专权横恣。和帝年长,和宦官郑众合谋,把他杀掉,这是后汉的君主和宦官谋诛外戚之始。和帝生子,屡次不育,就把皇子寄养在民间。和帝崩,皇后邓氏,到民间去收了一个"生才百余日"的儿子来,把他立作皇帝,明年死了,是为殇帝。立清河王的儿子祜,是为安帝。太后临了十五年的朝。太后死后,安帝才亲政,斥逐邓氏,用自己皇后的哥哥阎显、耿贵人的哥哥耿宝,又宠爱了中常侍江京、李闰、樊丰、刘安、陈达,还有乳母王圣、王圣的女儿伯荣等一派小人。阎皇后无子,后宫李氏生了一个儿子,名字唤作保,立为太子。阎后和宦官合谋,潜杀李氏,废保为济阴王。公元125年,安帝到南阳去,死在路上。阎皇后和阎显密谋,秘不发丧,驰回京师,迎立章帝的孙子北乡侯懿。不多时,死了。宦者孙程等迎立了济阴王,是为顺帝,杀阎显,迁太后于离宫。孙程等十九人皆封列侯。顺帝用自己皇后的父亲梁商做宰相,在外戚里,总算安分的。梁商死后,儿子梁冀接他的手,就大专权骄恣起来。顺帝死后,儿子冲帝立,一年而死。太后和梁冀"定策禁中",迎立章帝的玄孙清河王缵,是为质帝。年少聪明,目梁冀为"跋扈将军"。为冀所弑,迎立章帝的曾孙蠡吾侯志，是为桓帝。大权全在梁冀手里，桓帝心不能平，而满朝全是梁冀的人，只得再和宦官单超、具瑗、唐衡、左悺、徐璜等合谋，把梁冀杀掉（抄他的家产，三十多万万，减掉一年租税之半）。从此以后，汉朝外戚专权的局完，宦官乱国的事情起了。

宦官的品类，固然是不齿于人的，然而他们和皇帝极为接近。从来做皇帝的人，大概是闲置在深宫之中，毫无知识。天天同他接近的人，他如何不要听信。前代论治的人，也晓得这个道理，所以总要注意于皇帝的"前后左右"，使得他"罔非正人"。前汉时代，还懂得这个意思。在宫禁里侍候皇帝的，还多用些士人，而且要"妙选名儒，以充其任"。和帝时，邓太后秉政，才把中常侍、黄门侍郎等官，都改用阉人。历代君主，又都和他们谋诛外戚，于是宦官的权力大盛。不但干预中央的政治，甚至"兄弟姻亲，布满州郡，竞为暴虐"，就激成了天下的乱源。这时候，朝政日非，而风俗颇美，天下的士流大都崇尚气节。一时名士，外任州郡的，对于宦官的亲戚，无不尽法惩治（激于意气，以致过甚的行为，自然也是有的）。于是宦者和士流，互相嫉恶，就激成"党锢之狱"。桓帝死后，无子。迎立章帝的玄孙解渎亭侯宏，是为灵帝。窦太后临朝，窦太后的立作皇后，有个人唤作陈蕃，颇与有力。因此太后感激他，用他做太傅。又用自己的父亲窦武做大将军，陈蕃也是名流系里头的人，天下颇想望其丰采。陈蕃和窦武谋诛宦官，反为所杀。于是党锢之禁更严，灵帝长大之后，相信宦官，尤其死心塌地，而汉朝的天下就完了。

后汉世系图

```
（一）光武帝刘秀—（二）明帝庄—（三）章帝炟┐
┌─────────────────────────────────────────────┘
├ 庆—（六）安帝祜—（八）顺帝保—（九）冲帝炳
├（四）和帝肇—（五）殇帝隆
├ 寿—（七）北乡侯懿
├ 伉—宠—鸿—（十）质帝缵
└ 开—翼—（十一）桓帝志
      └ 淑—苌—（十二）灵帝宏┬（十三）废帝辩
                              └（十四）献帝协
```

第八章　后汉的灭亡和三国

第一节　后汉的乱源

两汉时代，总算是中国统一盛强的时代；两汉以后，便要暂入于分裂衰弱的命运了。这个分裂衰弱的原因也甚多，追溯起来，第一件便要说到"后汉时代的羌乱"。

羌族的起源和分布，此处不再细说。这一族分布的地方，是很广的。现在专讲后汉时在中国为患的一支，《后汉书·西羌传》说：

> 羌无弋爰剑者：秦厉公时，为秦所拘执，以为奴隶……后得亡归，而秦人追之急，藏于岩穴中，得免。羌人云：爰剑初藏穴中，秦人焚之，有景象如虎，为其蔽火，得以不死。既出，又与劓女遇于野，遂成夫妇。女耻其状，被发覆面，羌人因以为俗，遂俱亡入三河间（《注》："黄河湟水赐支河也。"按：赐支就是析支，就是河曲之地，

不能另算作一条河。所以《注》引《续汉书》作"河湟之间")。诸羌见爰剑被焚不死，怪其神，共畏事之，推以为豪。河湟间少五谷，多禽兽，以射猎为事，爰剑教之田畜，遂见尊信，庐落种人依之者日益众。羌人谓奴为无弋，以爰剑尝为奴隶，故因名之。其后世世为豪。

至爰剑曾孙忍时，秦献公初立，欲复穆公之迹，兵临渭首，灭狄獂戎，忍季父卬，畏秦之威，将其种人附落而南，出赐支河曲西数千里；与众羌绝远，不复交通。其后子孙分别，各自为种，任随所之：或为牦牛种，越嶲羌是也（如今四川的西昌市）；或为白马种，广汉羌是也（如今四川的广汉市）；或为参狼种，武都羌是也（如今甘肃陇南市武都区）。忍及弟舞独留湟中，并多娶妻妇；忍生九子为九种，舞生十七子为十七种，羌之兴盛，从此起矣。

《后汉书》说越嶲、广汉、武都诸羌，都是爰剑之后，这句话恐未必十分可信。但因这一段文字，可以证明两汉时代，为中国患的羌人确是居湟中这一支。湟中是个肥沃的地方，爰剑又是个从中国逃出去的，他的文明程度，总得比塞外的羌人高些，看"教之田畜，遂见尊信"八个字，就可以明白。

这一支羌人的根据地，是从河湟蔓延向西南，包括青海和黄河上游流域。他的文明程度颇低，而体格极其强悍（《后汉书》说他"堪耐寒苦，同之禽兽"）；而且好斗。部落分离，不能组织大群；又好自相攻伐，要到一致对外的时候，才"解仇诅盟"；事情一过，就又互相攻伐了，这也是羌人的一个特色（这个是因为他所处的地方都是山险，没有广大的平原。羌人在历史上，始终不能组织一个强大的国家,做出大一点的事业,也是为此)。

汉朝和羌人的交涉,起于武帝时,这时候,匈奴还据着河西,和羌人所据的湟中,只隔着一支祁连山脉;武帝防其互相交通,派兵击破羌人,置个护羌校尉统领他。羌人就弃了湟水,西依西海(青海)盐池(在青海西南)。王莽时,羌人献西海之地,王莽用来置了一个西海郡,莽末内乱,羌人就乘此侵入中国。后汉时羌人一支占据河北大允谷和大小榆中一带(在如今平番、导河一带。平番即今甘肃的永登县,导河即今甘肃的临夏县),颇为边患,和帝时,才把其打破,重置了西海郡;而且夹着黄河,开列屯田。从此从大小榆谷到西海,无复羌寇。然而降羌散布郡县的很多(在安定、北地、上郡的,谓之东羌。在陇西、汉阳、金城的,谓之西羌)。中国的吏民豪右,都不免"侵役"他。公元107年,罢西域都护和校尉,发羌人去迎接他。羌人颇有逃散的。郡县到处"邀截",又不免骚扰。于是各处羌众,同时惊溃。"东寇三辅,南略益州"。凉州的守令,都是内地人,见羌势已盛,无心战守,都把郡县迁徙到内地来。百姓有不愿意迁徙的,就强迫"发遣",死亡流离,也不知多少。直到公元118年,才把三辅肃清,凉州还没有平定,而军费已用掉二百四十亿。到顺帝时,凉州也算平定了,才把内徙的州县,依旧回复。不多时,羌人又叛。用兵十余年,又花掉八十多亿的军费。到桓帝即位,才用段颎做校尉,去讨叛羌,这个段颎,是以杀戮为主义的。他说:"昔先零作寇,赵充国徙令居内,煎当乱边,马援迁之三辅。始服终叛,至今为鲠……犹种枳棘于良田,养虺蛇于室内也……臣欲绝其本根,不使能殖。"于是从公元159年起,至公元169年止,用兵凡十一年,把西羌直追到河首积石山，东羌蹙到西县（如今甘肃的秦安县）山中，差不多全行杀尽。这历年的羌乱，才算靠兵力镇定（羌乱的详细，可参看《后汉书》本传，和任尚、虞诩、段颎、皇甫规、张奂等传）。

后汉的羌人，并不算什么大敌，他的人数，究竟也并不算多，然而乱事的蔓延，军费的浩大，至于如此，就可见得当时军力的衰弱、政治的腐败（这件事情，和清朝川楚教匪之乱极其相像。军费自然十之七八，都是用在不正当的方面的）。却是：一、凉州一隅，因此而兵力独厚；二、其人民流离迁徙之后，无以为生，也都养成一个好乱的性质，就替国家种下一个乱源。

政治腐败，它的影响，绝不会但及于凉州一隅的。咱们现在，要晓得后汉时代社会的情形，且引几段后汉人的著述来看看。

  今察洛阳，浮末者，什于农夫；虚伪游手者，什于末业。是则一夫耕，百人食之；一妇桑，百人衣之。以一奉百，孰能供之。天下百郡千县，市邑万数，类皆如此；本末何足相供，则民安得不饥寒。（《潜夫论·浮侈篇》）

  王侯贵戚豪富……举骄奢以作淫侈，高负千万，不肯偿责；小民守门号哭啼呼，曾无怵惕惭怍哀矜之意。（同上，《断讼篇》）

  使饿狼守庖厨，饥虎牧牢豚，遂至熬天下之脂膏，斫生人之骨髓……豪人之室，连栋数百，膏田满野，奴婢千群，徒附万计，船车贾贩，周于四方，废居积贮，满于都城，琦赂宝货，巨室不能容，马牛羊豕，山谷不能受，妖童美妾，填乎绮室，倡讴伎乐，列乎深堂。（《昌言·理乱篇》）

> 井田之变，豪人货殖，馆舍布于州郡，田亩连于方国……财赂自营，犯法不坐，刺客死士，为之投命。至使弱力少智之子，被穿帷败，寄死不敛，冤枉穷困不敢自理。（同上，《损益篇》）

这种情形，说来真令人"刿心怵目"。却是为什么弄到如此？这是由于汉朝时候的社会，本不及后世的平等。它的原因是：一、政治上阶级的不平等；二、经济上分配的不平等。这种不平等的社会，倘使政治清明，也还可以敷衍目前，为"非根本的救济"；却是后汉时代，掌握政柄的不是宦官就是外戚，外戚是纨绔子弟，是些无知无识的人，宦官更不必说。他们既执掌政权，所用的自然都是他们一流人，这一班人布满天下，政治自然没有清明的希望。要晓得黑暗的政治，总是拣着地方上愚弱的人欺的，总是和地方上强有力的人互相结托的。所以中央的政治一不清明，各处郡县都遍布了贪墨的官；各处的土豪，就都得法起来。那么，真不啻布百万虎狼于民间了（灵帝开西邸卖官，刺史守令，各有价目，尤其是直接败坏吏治的一件事情）。

所以张角一呼，而青、徐、幽、冀、荆、扬、兖、豫八州的人同时响应。张角是巨鹿人，他自创"太平道"。分遣弟子"诳诱四方"，十余年间，众至数十万，他把这些人分作许多"方"（大方万余人，小者数千），暗约公元184年（灵帝中平元年）三月五日同时起事。还没有到期，给自己同党的人告发了，张角就"驰敕诸方，一时俱起"。中外大震。这种初起的草寇，论兵力，究竟是不济事的。灵帝派皇甫嵩、朱儁等去讨伐，总算不多时就戡定了。然而从此之后，到处"寇盗"蜂起，都以"黄巾"为号（张角的兵，都是把黄布包着头的，所以人家称其为黄巾）。

郡县竟不能镇定。因为到处"寇盗"蜂起，把州刺史改作州牧，于是外权大重，就成为分裂的直接原因。

第二节　汉末的割据和三国的兴亡

"山雨欲来风满楼"，分裂的机会成熟了，却仍等待着积久为患的宦官外戚做个导火线。

灵帝是个最尊信宦官的。他因为数失皇子，何皇后的儿子辩，养于道人史子助家，号为史侯。王美人的儿子协，灵帝的太后董氏自行抚养，号为董侯。灵帝想立董侯，没有办到，公元189年，灵帝病重了，把董侯属托宦者蹇硕，叫蹇硕立他。这时候，何皇后的兄弟进，做了大将军，兵权在手。蹇硕想诱他入朝，把他杀掉，然后拥立董侯。何进明知他的阴谋，拥兵不朝。蹇硕不敢动。于是史侯即位，是为废帝。

这时候，外戚、宦官，依旧是势不两立。然而何氏出身低微，何太后的立，颇得些宦官的力。以是，何氏对于宦官有些碍难下手。何进虽然杀掉蹇硕，又逼死董太后，杀掉董太后的哥哥董重；然而要尽诛宦官，何太后就要从中阻挠他。何进手下袁绍等一班人，因而劝何进召外兵以胁太后。

宦官知道事情危险了，就把何进诱入宫，杀掉。袁绍等乘势攻宦官，尽杀之。凉州将董卓，驻兵在河东。听得何进召外兵的命令，即日进兵。这时候刚刚到京。于是拥兵入京城，把废帝废掉了，拥立董侯，是为献帝。

京城里的大权，霎时间落入"凉州军阀"之手。袁绍等一班人，自然是不服的。于是袁绍逃回山东，起兵"讨卓"。诸州郡纷纷应之。董卓就把天子迁徙到长安（近着凉州老家）。"讨卓"的兵，本来不过"各据地盘"，没有"讨卓"的诚意，自然是迁延敷衍，毫无成功。

然而"凉州系"却又内乱起来了。公元192年，司徒王允和中郎将吕布，合谋杀掉董卓。董卓手下的将官李傕、郭汜，起兵攻陷京城，杀掉王允。吕布逃到山东。李傕、郭汜又自相攻伐。傕劫天子，汜留公卿为质。直到公元196年，凉州将张济从东方来，替他们和解，才算罢兵言和。献帝趁这机会，便想逃归洛阳。李傕、郭汜起初答应了，后来又追悔，合兵来追。献帝靠群盗李乐等帮忙，总算逃脱。然而群盗又专起权来，外戚董承等没法，只得召兖州的曹操入卫。曹操既至，以洛阳残破，挟着献帝迁都许昌（如今河南的许昌市）。从此以后，大权都在曹操手里，献帝"守府而已"。

这时候，州牧郡守，纷纷割据。就有：

袁绍　据幽、并、青、冀四州

刘备　据徐州

刘表　据荆州

刘焉　据益州

袁术　据寿春（如今安徽的寿县）

马腾、韩遂　割据凉州

后汉时代，是颇重门阀的。袁绍是"四世三公"，所据的地方又广大，所以势力最强。却是曹操"挟天子以令诸侯"，所假借的名义，也比众不同。

"凉州系"在当时是个扰乱天下的罪魁。然而其中并没有雄才大略的人，李傕、郭汜、张济，不久都无形消灭了。只有吕布，却是个骁将。袁术攻刘备，吕布乘势夺取徐州。刘备弄得无家可归，只得投奔曹操。这刘备也是个英雄，曹操便利用他去攻吕布。曹操表刘备做豫州牧，借兵给他。公元198年，和他合力攻杀吕布。这时候，袁术因为措置乖方，在寿春不能立足，想要投奔袁绍。曹操顺便叫刘备击破他。袁术只得折回，死在寿春。然而刘备也不是安分的人，就和董承合谋，想推翻曹操，却又自己出屯小沛。事情被发觉了，曹操杀掉董承，打破刘备。刘备也投奔袁绍，于是青、徐、兖、豫四州略定。

袁、曹冲突的时机到了。公元200年，战于官渡（在如今河南中牟县的北边），袁绍大败，惭愤而死。儿子袁谭、袁尚争立。公元206年，曹操全定河北（袁谭为曹操所杀。袁尚逃到乌桓又给曹操打败，再逃到辽东，辽东太守公孙康把他杀掉）。公元208年，便南攻荆州。刘表刚好死掉，他的小儿子刘琮把荆州投降曹操。

这时候，刘备也在荆州。他和曹操是不能相容的，逃往江陵。曹操派轻骑追他，一天一夜走三百里，到当阳长坂（如今湖北当阳市），追到了。刘备兵败，再逃到夏口，靠刘表的大儿子刘琦。

这时候的刘备，可算得势穷力尽了，却有一支救兵到来。当东诸侯起兵"讨卓"的时候，长沙太守孙坚也起兵而北。董卓西迁之后，孙坚便收复洛阳。后来和袁术结连去攻刘表，给荆州军射杀。坚兄子贲，收集残部，投奔袁术。孙策虽然年少，倒也是个英雄。看看袁术不成个气候，便想独树一帜。于是请于袁术，得了父亲旧时的部曲，南定扬州。公元200年，孙策死了，他的兄弟孙权代领其众。刘备手下的诸葛亮，便想一条计策，自己到江东去求救。

这时候的江东，论起兵力来，万万敌不过曹操。然而，（一）北军不善水战；（二）荆州军又非心服；（三）加以远来疲敝，又有疾疫，却也是曹操兵事上的弱点。孙权是个野心勃勃的人，手下周瑜、鲁肃等也有一部分主战的，于是派周瑜带水军三万，和刘备合力抵御曹操。大破曹操的兵于赤壁（如今湖北嘉鱼县的赤壁山）。于是曹操北还，刘备乘胜攻下如今湖南省的地方。明年，周瑜又攻破江陵。三分鼎足之势，渐渐地有些成立了（俗传"借荆州"一语，说荆州是孙权借给刘备的。这句话毫无根据。请看赵翼《廿二史札记》）。

赤壁战后，曹操一时也不想南下，而西方的交涉又起。原来凉州地方，本有个马腾、韩遂割据。李傕、郭汜等灭后，曹操虽然收复关中，派钟繇镇守，却还没顾得到凉州。公元211年，曹操征马腾做卫尉。马腾的儿子马超，疑心曹操要害他，就和韩遂举兵造反。凉州的兵势，十分精锐。钟繇抵敌不住，只得弃长安而走。马超、韩遂直打到潼关。曹操自将去抵御他，用离间之策，叫他两个分心，到底把他打败了。明年，曹操就杀掉马腾。马超知道了，举兵又反，却给杨阜等起兵打败。马超就逃奔汉中。

这时候的汉中，是谁据着呢？先前巴郡有个张修，创立五斗米道。沛县的张鲁信奉他，张修死后，张鲁就俨然做了教主，很有信奉他的人。益州牧刘焉，便叫他保守汉中。刘焉死后，儿子刘璋颇为暗弱。张鲁就有吞并益州之志。刘璋急了，因为刘备素有英雄之名，就想招他入川，借他防御张鲁。

刘备闻命，真是"得其所哉"，即便带兵入川。不多时，就借端和刘璋翻脸，把西川夺去，这是公元214年的事。公元215年，曹操平定张鲁，取了汉中。公元216年，刘备又把汉中夺去。这一年八月里，又命关羽从荆州进兵攻取襄阳。这时候的刘备，对于曹操竟取了攻势了。

曹操取汉中这一年，孙权因刘备入川，也颇想乘虚夺取荆州。刘备这时候，正想争取汉中，知道两面开衅是不行的，便和孙权妥协，把荆州地方平分，刘备使关羽守江陵，孙权使鲁肃屯陆口（如今湖北的蒲圻县。这时候周瑜已经死了）。到关羽进攻北方的时候，孙权又把吕蒙调回，换了个"未有重名，非羽所忌"的陆逊。关羽果然看轻他，把江陵守兵尽数调赴前敌，后路空虚。吕蒙便乘势发兵，袭取江陵。这时候，关羽前敌的攻势也已经给曹操发大兵堵住，弄得进退无路，只得退军，给孙权伏兵捉住，杀掉。西蜀进取之势，受了一个大打击。

公元220年，曹操死了。儿子曹丕嗣为魏王，便把汉献帝废掉，自立，是为魏文帝。明年，蜀汉先主刘备也称帝于成都。公元222年，孙权也在建业（如今江苏南京市江宁区）称帝，是为吴大帝。后汉就此分作三国。

关羽的败亡，是蜀汉一个致命伤。当时东吴的无端开衅，却也是有伤信义的（这种毫无借口的开衅，在历史上也很为少见）。所以先主称帝之后，就首先自将伐吴，却又在猇亭（在如今湖北宜都县西边），给陆逊杀得大败亏输。又羞又气，死了。诸葛亮受遗诏辅政，东和东吴，西南定益州（汉郡，治滇池，如今云南的昆明市），屡次出兵伐魏，公元234年，死了。蜀汉就此不振〔诸葛亮是中国一个大政治家，本书限于篇幅，不能详细介绍他。广智书局《中国六大政治家》里有他的传，颇可看的。诸葛亮出兵伐魏,第一次在公元227年。这一次魏人不意蜀国出兵,很为张皇失措。天水、南安、安定三郡,都叛应亮,兵势大振。时魏明帝初立,亲幸长安,派张郃去抵御他。诸葛亮派马谡当前锋。这张郃是魏国的宿将,马谡虽有才略,大约军事上的经验不及他,给张郃在街亭(如今甘肃的秦安县)打败。诸葛亮只得退回汉中。这一年十二月里,诸葛亮再出散关(在如今陕西宝鸡市西边)围陈仓(在宝鸡的东边),不克而退。明年春,再出兵攻破武都(如今甘肃的成县),阴平(如今甘肃的文县)。公元231年,魏曹真伐蜀。攻汉中,不克。明年,诸葛亮伐魏。围祁山(在武都西北),魏司马懿来救。诸葛亮因粮尽退回。张郃来追,给诸葛亮杀掉。公元234年,诸葛亮再出兵伐魏。进兵五丈原(在如今陕西郿县),分兵屯田,为久驻之计。这年八月里,就病死了。诸葛亮的练兵和用兵,都很有规矩法度;和不讲兵法、专恃诡计、侥幸取胜的,大不相同。《三国志》《晋书》,都把他战胜攻取的事情抹杀,这是晋朝人说话如此。只要看他用兵的地理,是步步进逼,就可以知道他实在是胜利的了〕。

　　诸葛亮死后五年,魏明帝也死了。养子芳年纪还小。明帝死时,本想叫武帝的儿子燕王宇辅政。中书监刘放、中书令孙资,趁他昏乱时候,硬劝他用曹爽和司马懿。明帝听了他,于是曹爽、司马懿同受遗诏辅政。其初大权尽在曹爽手里,司马懿诈病不出。公元249年,曹爽从魏废帝出去谒陵。不知道怎样,司马懿忽然勒兵关起城门来,矫太后的命令,罪状曹爽。曹爽没法,只得屈服了。其结果,就给司马懿所杀。于是大权尽入于司马懿之手。这件事的真相是无从考见的,然而有可注意的,曹爽所共的一班人，都是当时的名士，司马懿却是个军阀［曹爽和司马懿相持凡十年。曹爽是曹真的儿子，在魏朝总算是个宗室。朝廷上又有一班名士拥护他（用如今的话说起来，可以说他是名流系的首领）。起初司马懿不能与争，大概是这个缘故。曹爽专政之后，把太后郭氏迁徙到永宁宫，和他的兄弟曹羲，都带了禁兵（这时候，表面上把司马懿尊作太傅，暗中却夺去他的权柄。司马懿就称病不出）。后来司马懿推翻他，就是趁他兄弟都出城，夺了他的禁兵，表面上却用太后出头。这样，我们推想起司马懿的行为来，大约是"交通宫禁""勾结军队"。其详情却就无可考较了。现在历史上所传的话，都是一面之词，信不得的］。曹爽死后，司马懿、司马师、司马昭，父子弟兄，相继秉政，削平异己（当时魏国的军人，都是司马懿一系。只有扬州的兵反抗他。公元251年，扬州都督王凌，公元255年，扬州都督毌丘俭，公元257年，扬州都督诸葛诞，三次起兵，都给司马氏平定）。司马师先废曹芳而立曹髦；司马昭又弑曹髦而立曹奂；到司马炎，就自己做起皇帝来了（公元265年）。

蜀自诸葛亮死后，蒋琬、费祎相继秉政。费祎死后，后主才亲理万机，信任宦官黄皓，颇为昏暗。蒋琬、费祎的时代不大主张用兵。费祎死后，姜维执掌兵权，连年出兵北伐，毫无效果；而百姓疲弊，颇多怨恨。公元263年，司马昭叫钟会、邓艾两道伐蜀。会取汉中，姜维守住剑阁（如今四川的广元市），会不得进。而邓艾从阴平直下绵竹（就是从甘肃文县，出四川平武县的左担山，向绵竹的一条路），猝攻成都，后主禅出降。蜀汉就此灭亡。于是晋国派羊祜镇襄阳，王濬据益州以图吴（羊祜死后，杜预代他）。

吴自大帝死后，少子亮立。诸葛恪辅政，给孙峻所杀。于是峻自为大将军。峻死后，弟綝继之，废亮而立景帝休。景帝把孙綝杀掉，然而也无甚作为。景帝死后，儿子皓立，很为淫虐。吴当诸葛恪秉政时，曾一次出兵伐魏。诸葛恪死后，忙着内乱，就没有工夫顾到北方。靠着一个陆抗，守着荆州，以抵御西北两面。陆抗死后，吴国就没有人才了（公元274年）。公元280年，王濬、杜预从益、荆两州顺流而下。王濬的兵先到，孙皓出降。吴国也就灭亡。

三国时代，是我国南北对抗之始。这时代特可注意的是江域的渐次发达。前此江南的都会，只有一个吴。江北的广陵（如今江苏的江都县）却是很著名的。我们可以设想，产业和文化的重心还在长江的北岸。自从孙吴以建业为国都（孙吴建国，北不得淮域。濡须水一带，是兵争的要地。定都建业，既可扼江为险，又便于控制这一带地方），建业后来又做了东晋和宋、齐、梁、陈四朝建都之所。东晋以后，南方文化的兴盛，固由于北方受别族之蹂躏，衣冠之族避难南奔；然而三国时代的孙吴，业已人才济济。这也可见南方自趋于发达的机运，不尽借北方的扰乱为文化发达的外在条件了。又益州这地方，从古以来，只以富饶著名，在兵争上，是无甚关系的。却是到三国时代，正因为它地方富饶，就给想"占据地盘"的人注目（刘备初见诸葛亮的时候，诸葛亮劝他占据荆、益二州，说"天下有变：则命一上将，将荆州之军，以向宛洛；将军身率益州之众，出于秦川"。前者就是关羽攻魏的一条路。关羽既败，诸葛亮屡次伐魏，就只剩得后者一条路了。论用兵形势，自然是出宛洛，容易震动中原。所以我说荆州之失，是蜀汉的致命伤。然而刘备、诸葛亮,当日必定要注重益州。则"荆土荒残,人物凋敝"两句话,就是它主要的原因。这个全然是富力上的问题)。而向来不以战斗著名的蜀人,受诸葛亮一番训练,居然成了"节制之师"。从此以后,蜀在大局上的关系也更形重要了。

当时还有一个占据辽东的公孙度,传子公孙渊,于公元239年,为司马懿所灭。其事情,和中原无甚关系,与高丽有关系处。

三国系图

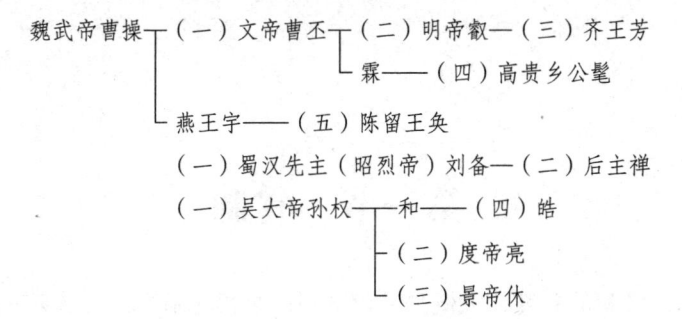

魏武帝曹操┬(一)文帝曹丕┬(二)明帝叡—(三)齐王芳
　　　　　│　　　　　　└霖——(四)高贵乡公髦
　　　　　└燕王宇——(五)陈留王奂

(一)蜀汉先主(昭烈帝)刘备—(二)后主禅

(一)吴大帝孙权┬和——(四)皓
　　　　　　　├(二)废帝亮
　　　　　　　└(三)景帝休

第九章 秦汉时代的政治和文化

第一节 官制

汉朝的制度，大概是沿袭秦朝；秦朝的制度，又沿袭三代以前。这种制度，虽未必有什么精意存乎其间，然而去古还近，大概积弊是一天深一天的。制度是一层层地，不管理论堆积起来的，所以愈到后世，愈不切于事实，愈不合于理论。秦汉的制度，确有优于后世之处；况且后世的制度，又都是沿袭秦汉而渐变的，不明秦汉的制度，就连后世制度的真相也不能明白，所以研究秦汉时代的制度颇为紧要。

变封建为郡县是从秦朝起的，咱们现在就从秦汉时代的官制讲起。

秦和西汉，中央政府最高的官是丞相，或称相国。有时但置一人，有时分置左右丞相。后汉则以太尉（天公）、司徒（人公）、司空（地公），分部九卿，称为三公，是用古代三公、九卿的官制。太尉在前汉，为中央政府最高的武职，和丞相对掌文武，仿佛像宋朝的二府。此外又有御史大夫，掌副丞相。前汉的宰相，往往从御史大夫递升。这三种，都是中央政府最高的官。

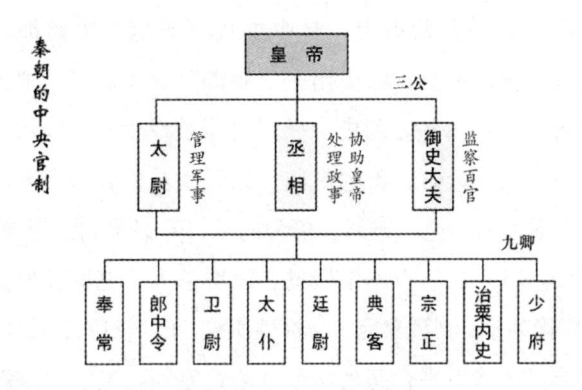

秦朝的中央官制

```
                    皇 帝
                                    三公
   太尉          丞相          御史大夫
  管理军事    协助皇帝         监察百官
              处理政事
                                    九卿
 奉  郎   卫   太   廷   典   宗   治粟   少
 常  中令 尉   仆   尉   客   正   内史   府
```

此外又有太常（秦名奉常），掌宗庙礼仪；光禄勋（秦名郎中令），掌宫殿掖户；卫尉，掌宫门卫屯兵；太仆，掌舆马；廷尉（中间曾改名大理），掌刑辟；大鸿胪（本名典客，又曾改名大行令。又有典属国一官并入），掌诸归义蛮夷；宗正，掌亲属；大司农（本名治粟内史），掌谷货；少府，掌山泽之税，谓之九寺六卿，是中央政府分掌庶务的。

带兵的官，通称校尉。而司隶校尉，主督察大奸，兼有警察的性质，权最重（带北军的中尉，主徼循京师，后改为执金吾）。

治京师的官，秦朝称为内史。汉景帝时，分置左内史。武帝时，改右内史为京兆尹，左内史为左冯翊，又把向来的都尉改为右扶风，分治内史的右地。京兆尹、左冯翊、右扶风，谓之三辅。后汉时，改京兆尹为河南尹。

外官仍分郡、县两级。郡有太守，县的户数，在一万以上的称为令，不满一万户的为长，其下都有丞、尉。十里一亭，有长；十亭一乡，乡有三老、啬夫、游徼。三老掌教化；啬夫职听讼，收赋税；游徼掌徼循，禁盗贼。（列侯所食的县，唤作"国"。皇太后、皇后、公主所食的唤作"邑"。有少数民族的唤作"道"。）

秦朝又有一种监御史，是中央政府派他出去监郡的。汉朝省去这个官，由丞相派史出去"刺郡"。武帝时，把天下分作十三州，十二州各置刺史，一州属司隶校尉——以六条督察所部（一、强宗豪右，田宅逾制，以强凌弱，以众暴寡。二、二千石不奉诏书，遵承典制，倍公向私，旁诣牟利，侵渔百姓，聚敛为奸。三、二千石不恤疑狱，风厉杀人，怒则任刑，喜则淫赏，烦扰刻暴，剥戮黎元，为百姓所疾，山崩石裂，祅祥讹言。四、二千石选署不平，苟阿所爱，蔽贤宠顽。五、二千石子弟恃怙荣势，请托所监。六、二千石违公下比，阿附豪强，通行货赂，割损政令）。出于六条以外的，便不问；往来巡行，并无一定的治所。后汉以后，权渐重而位亦渐尊。然而还不过是中央政府派出去的督察之官。这时候的郡，什么事情都和中央政府直接。所以秦汉时代，实在是个"两级制"。到灵帝中平五年（公元 188 年），因各处纷纷盗起，列郡不能镇压，改刺史为州牧；简九卿等官，出去充任，于是其权大重；而中央政府，又不久解纽，诸州牧各自据土，纷纷占据地盘，就俨然变作三级制了。

爵分二十级：（一）公士，（二）上造，（三）簪袅，（四）不更，（五）大夫，（六）官大夫，（七）公大夫，（八）公乘，（九）五大夫，（十）左庶长，（十一）右庶长，（十二）左更，（十三）

中更，（十四）右更，（十五）少上造，（十六）大上造，（十七）驷车庶长，（十八）大庶长，（十九）关内侯，（二十）彻侯（后来因避汉武帝的讳，改为通侯），也都是秦制用以赏有"功""劳"的人。

秦汉官制的特色：（一）这时候的中央政府，宰相是个副贰天子，治理天下的；九卿等官，也各有独立的职权，都是分治天下众务的，不是天子的私人。到后来，纷纷任用什么尚书、中书、侍中做宰相；把九卿的职权，也夺归六部。于是所任用的，全是天子玩弄之人，君权愈扩张无限。（二）是外官阶级少而威权重，和后世大不相同。这个有好处，亦有坏处。（三）则这时候去古还近，地方自治的意思，还有存留。《汉书·高帝纪》："二月癸未……举民年五十以上，有修行，能帅众为善，置以为三老，乡一人。择乡三老一人为县三老，与县令、丞、尉，以事相教。"可见得这时候，对于三老等官视之甚重，和后世名存实亡的，大不相同。这其中也有许多方面的因果关系。

第二节　教育和选举

后世的人，都说秦朝焚烧《诗》《书》，毁灭儒术，这句话，其实是错的。马端临说："按西汉《公卿百官表》，博士，秦官，掌通古今……既曰通古今，则上必有所师承，下必有所传授。故其徒实繁。秦虽存其官，而甚恶其徒，常设法诛灭之。始皇使御史案问诸生，传相告引，至杀四百六十余人；又令冬种瓜骊山，实生，命博士诸生就视，为伏机杀七百余人；二世时，又以陈胜起,召博士诸生议,坐以非所宜言者,又数十人。然则秦之于博士弟子,非惟不能考察试用之,盖惟恐其不澌尽泯没矣。叔孙通面谀,脱虎口而逃亡;孔甲持礼器,发愤而事陈涉有以也哉。"(《文献通考》卷四十)这一段考据,颇为精详,虽然虐待其人,然而师承传授,确自有的,可见得儒学并没有绝,不过这种传授,是为继续"博士官之所职"起见,不是为教育人才起见,不过是古代"学术存于官守"之旧,不能算得学校。

到汉朝武帝时候,公孙弘做宰相,才奏请"为博士官置弟子五十人,复其身。太常择民年十八以上,仪状端正者,补博士弟子。郡、国、县、官,有好文学,敬长上,肃政教,顺乡里,出入不悖所闻者,令相、长、丞,上属所二千石。二千石谨察可者,常与计偕,诣太常,得受业如弟子"。这才是以传授学术为目的,可以算作学校。然而营建学舍确是王莽手里的事。

按《汉书·景十三王传》,河间献王德"武帝时……来朝……对三雍宫"。《兒宽传》:"武帝东封泰山,还登明堂。宽上寿曰:'陛下……祖立明堂辟雍(师古曰:祖,始也)。'"似乎武帝时就有太学的。而《礼乐志》又说:"……成帝时,犍为郡于水滨得古磬十六枚……刘向因是说上,宜兴辟雍,设庠序……成帝以向言下公卿议,会向病卒,丞相大司空奏请立辟雍,案行长安城南。营表未作,遭成帝崩,群臣引以定谥,及王莽为宰衡,欲耀众庶,遂兴辟雍……"马端临说:"盖古者明堂辟雍,共为一所。蔡邕《明堂论》曰:'取其宗祀之清貌,则曰清庙;取其正室之貌,则曰太庙;取其尊崇,则曰太室;取其向明,则曰明堂;取其四门之学,则曰太学;取其四面周水圜如壁,则曰辟雍,异名而同事。'武帝时,封泰山,济南人公玉带上黄帝时《明堂图》，明堂中有一殿，四面无壁，以茅盖通水，水圜宫垣，为复道，上有楼，从西北入，名曰昆仑。天子从之以入，拜祀上帝，于是上令奉高作明堂汶上，如带图。修封时，以祠太一五帝，盖兒宽时为御史大夫，从祠东封。还登明堂上寿，所言如此，则所指者疑此明堂耳。意河间献王所封之地，亦是其处。非养士之辟雍也。"（《文献通考》卷四十）马氏这个说法，很确。

汉朝的学校，是逐渐增盛的。武帝置博士弟子五十人，昭帝增为百人，宣帝时增至二百人，成帝末增至三千人。后汉光武时，就营建太学（建武五年，即公元29年），明、章两代，都崇儒重道，车驾屡幸太学。其时又为"功臣子孙""四姓末属"别立校舍，"期门""羽林"之士皆令通《孝经》《章句》。匈奴亦遣子入学，梁太后时，又诏大将军至六百石，悉遣子入学。本初质帝年号时，太学诸生遂至三万余人。学校可谓极盛，然而衰机也就伏在这个时候。这时候，学校人数只求其多，不讲实在。入学的，大概都是一班贵游子弟，并不是真正讲求学问的人。所以，范晔说这时候的学风，是"章句渐疏，多以浮华相尚"。又《三国志》董昭上疏说："窃见当今年少，不复以学问为本，专更以交游为业。国士不以孝弟清修为首，乃以趋势游利为先。"这明是把一种纨绔子弟的气习，移植到学校里。讲声华的必定尚意气，所以到后来就激成"党锢之祸"。学校里都是一班贵族子弟，所以汉朝的太学生，是和外戚结党而攻宦官的。"此中消息，可以微窥。"

国家的学校虽然如此，究竟还不如私人教育之盛。《汉书·儒林传》："赞曰：'自武帝立五经博士，开弟子员。设科射策，劝以官禄。讫于元始，百有余年，传业者浸盛，支叶蕃滋。一经说至百余万言，太师众至千余人。盖禄利之路然也。'"禄利固然是人所同欲，然而学术的兴盛，一大半的原因，也在于社会上"智识的欲望"，不容一笔抹杀。后汉则张兴著录且万人；牟长著录前后万人；蔡玄著录万六千人；楼望，诸生著录九千余人；宋登教授数千人；魏应、丁先弟子著录数千人；姜肱，就学者三千余人；曹曾门徒三千人；杨伦、杜抚、张元，皆千余人，更非前汉所及（俱见《后汉书》）。私人教育，总比国家所设立的学校为盛，这个也是中国教育史上的一个特色。

至于选举，则有两种：其一，郡国岁举孝廉。又汉武帝制郡国口二十万以上，岁察一人；四十万以上二人；六十万三人；八十万四人；百万五人；百二十万六人；不满二十万，二岁一人；不满十万，三岁一人。限以四科：一曰德行高妙，志节清白；二曰学通行修，经中博士；三曰明习法令，足以决疑，能按章复问，文中御史；四曰刚毅多略，遭事不惑，明变决断，才任三辅县令。是用古代"诸侯贡士"之制，后世的人，以为这是乡举里选，却是错的（乡举三老，方和《周礼》的"使民兴贤，出使长之。使民兴能，入使治之"相合）。其二，则朝廷要用哪一种人，特诏标出科目，令公卿郡国，各举所知。这个却是后代制科的先声，汉朝选举制度的利弊得失，要和后世比较才见，且俟后文再讲。

第三节　赋税

汉朝的田赋，本来是十五而税一；景帝以后，变作三十而税一，已见前。光武中兴以后，亦是三十而税一。到灵帝时，才加天下田税，每亩钱十文，谓之"修宫钱"。

田税以外，另有一种"口税"谓之"算赋"。人民从十五岁起，到五十六岁止，每人每年出钱百二十文，谓之一算，以治"库兵""车马"。其事起于高帝四年（见《汉书·高帝纪》如淳引《汉仪注》），又有七岁到十四岁出的，每人二十钱，以食天子，谓之"口赋"。武帝时，又加三个钱，以补"车""骑""马"（见《昭帝纪》元凤四年如淳引《汉仪注》）。按《汉书·宣帝纪》，五凤三年"减天下口钱"。甘露二年"减民算三十"。"师古曰：一算减钱三十也。"成帝建始二年"减天下赋钱，算四十"。"孟康曰：本算百二十，今减四十为八十。"所谓减，都是指当年而言，并不是永远变更定额。又《贡禹传》："禹以为古民亡赋算，口钱起武帝，征伐四夷，重赋于民。民产子，三岁则出口钱。故民重困，至于生子辄杀，甚可悲痛。宜令儿七岁去齿，乃出口钱；年二十乃算……天子下其议，令民产子七岁乃出口钱，自此始。"则是永远减免的。

又有一种"更赋"，亦见《汉书·昭帝纪》引如淳说："更有三品：有'卒更'，有'践更'，有'过更'，古者正卒无常，人皆当迭为之，一月一更，是为'卒更'也。贫者欲得顾更钱者，'次直者'出钱顾之，月二千，是谓'践更'也。天下人皆直戍边三日，亦名为更，律所谓'繇戍'也。虽'丞相子'，亦在戍边之调。不可人人自行三日戍，又'行者'当自戍三日，不可往便还。因便住,一岁一更;诸不行者,出钱三百入官,官以给戍者,是为'过更'也。"

以上三种,第一种是"税",第二种是"赋",税是种田的人出的,赋是修理兵器(车马等都包括在里头)的费用,全国人民都负担的。《汉书·食货志》所谓"税以足食,赋以足兵"。第三种是人民应服兵役的代价,就是课人民以"一种兵役的义务"的"变相的完纳"。

汉朝的国用,以田租为主。《汉书·食货志》说:"高祖……轻田租,什五而税一,量吏禄,度官用,以赋于民。而山、川、园、池、市、肆,租税之入,自天子以至封君汤沐邑,皆各为私奉养,不领于天子之经费。"所以掌谷货的大司农,是管国家财政的;掌山泽之税的少府,是掌天子私财的。所以武帝命大司农兼管盐铁,孔仅、东郭咸阳说:"山海天地之臧,宜属少府,陛下弗私,以属大农佐赋。"很有称颂他的意思。昭帝时郡国所举的贤良文学,要求停罢,和桑弘羊争辩了许多话,到底只罢掉一种酒酤,其余都没有动(亦见《汉书·食货志》,其两方面争辩的话,详见《盐铁论》)。

第四节　兵制

西汉所行的,是民兵之制,人民都有当兵的义务。《汉书·高帝纪》引如淳说:"《汉仪注》云:'民年二十三为正。一岁为卫士,一岁为材官骑士,习射御,骑驰战陈。'又曰:'年五十六,衰老,乃得免为庶民,就田里。'"又《王制正义》

引许慎《五经异义》:"汉承百王,而制二十三而役;五十六而免。"两说相同。按今文家说,民年三十受兵。《汉书·高帝纪》又引:"孟康曰:'古者二十而傅。三年耕,有一年之储,故二十三而后役之。'"《五经异义》:"《高孟氏韩诗》说:'年二十行役,三十受兵。'"则汉朝人民的服力役,比古代迟三年,服兵役却早七年,或者汉代所承,实是古制;三十受兵,是儒家托古所致,亦未可知。

其兵的种类,有"材官""车骑""楼船"三种:材官是步卒,车骑是骑兵,楼船是水师。《后汉书·光武纪》引《汉官仪》:"高祖命天下选能'引关''蹶张'材力武猛者,以为'轻车''骑士''材官''楼船'。常以秋后讲肄课试,各有负数,平地用'车骑',山阻用'材官',水泉用'楼船'。"大约"材官"最为普通,"车骑"边郡较多,"楼船"只有沿江海的地方有。京师有南北军:"南军卫尉主之,掌宫城门内之兵。""北军中尉主之,掌京城门内之兵。"(据《文献通考》,其详可参看原书。)武帝时,增置中垒、屯骑、步兵、越骑、长水、胡骑、射声、虎贲八校尉,都属北军(八校尉,都见《汉书·百官公卿表》,《刑法志》:"至武帝平百粤,内增七校。""晋灼曰:'胡骑不常置,故此言七也。'")。又有期门、羽林,都属南军。《文献通考》引章氏说:"汉初南北军,亦自郡国更番调发来。何以言之?黄霸为京兆尹,坐发骑士诣北军,马不适士。劾乏军兴则知自郡国调上卫士,一岁一更,更代番上,初无定兵。自武帝置八校,则'募兵'始此;置羽林、期门,则'长从',始此。"(按:期门是从六郡良家子孙里选出来的,见《汉书·东方朔传》。羽林兵,初名建章营,设于太初元年。后来又取从军死事的人的子孙，养在羽林，"教以五兵"，号曰"羽林孤儿"。见《百官公卿表》。)

前汉时，各郡都有都尉，帮着太守管理武事。王国里头，则相比郡守，中尉比都尉。这种制度，都是沿袭秦朝的。后汉光武帝建武六年，罢郡国都尉；七年，罢天下轻车、骑士、材官、楼船，只留着京师的南北军。然而后来郡国也往往复置（北军里的八校尉，虎贲并入射声，胡骑并入长水，又省掉中垒校尉，所以号为北军五营。此外另有一支兵，驻扎在黎阳，谓之黎阳兵。又会扶风都尉带一支兵，驻扎在雍悬。护卫园陵，俗称为雍营)。

秦朝和西汉时代，有一种特色，就是"这时候，去古未远，人民尚武的性质还在，无论什么人，发出去都是强兵"（巴蜀等一两处地方是例外）。所以秦朝的用兵，不论骊山的役徒，闾左的百姓，都发出去战守；汉朝也有所谓"七科谪"（张晏曰："吏有罪一，亡命二，赘婿三，贾人四，故有市籍五，父母有市籍六，大父母有市籍七。"见《汉书·武帝纪》)

"弛刑""罪人""恶少年""勇敢""奔命""伉健"……这都是未经训练的人。然而发出去，往往战胜攻取。将帅里头，也极多慷慨效命的人（譬如后汉的班超，又如前汉的李陵，以步卒绝漠，这是历史上只有这一次的事情）。有这种民气和民力，倘使真能利用，中国的国力实在可以扩张到无限。偏遇着秦始皇、汉武帝两个人，把民力、财力大半消耗在奢侈淫欲的一方面。秦始皇的用兵，已经很不经济，汉武帝更其专信几个椒房之亲，家无法度，以致总算起来，总是败北的时候多，胜利的时候少（细看《汉书·匈奴传》可见。伐大宛这一役，尤其是用兵不经济的确证。汉朝用兵，所以结局总获胜利，是由于这时候中国和外国的国力相差太远,并不是用兵的得法。这种用兵,结局虽获胜利,毕竟是以最大的劳费,得最小的效果的),就使胜利,也所得不偿所失。这种用兵,实在一无可取。中国大有可为的时代,就给这两个人弄糟了的。然而后世,反很多崇拜他们、原谅他们的人,可谓侥幸极了。

第五节　法律

从秦汉到魏晋,可以算作中国法律的"发达""长成"时代。自秦以前,我国的法律究竟是个什么样子,实在无从考见其详细。自秦以后,其"承袭""变迁"的途径,才确有可考;其"进化的状况",就可以窥知了。

秦朝的法律所以贻害天下,有两种道理:其一是由于它所用的"刑罚的野蛮"。《汉书·刑法志》说:

> 汉兴之初,虽有约法三章,网漏吞舟之鱼;然其大辟尚有"夷三族"之令。令曰:当三族者,皆先黥,劓,斩左右止,笞杀之,枭其首,菹其骨肉于市;其诽谤詈诅者,又先断舌;故谓之"具五刑"。彭越、韩信之属,皆受此诛。

到高后元年,才除掉"三族罪""袄言令"。孝文二年,又除掉"收孥相坐律",然而足为中国法律史上开一个新纪元的,实在要推公元前167年(孝文帝十三年)废除肉刑这一件事。《汉书·刑法志》记它的始末道:

齐太仓令淳于公有罪当刑,诏狱逮系长安。淳于公无男,有五女,当行会逮,骂其女曰:生子不生男,缓急非有益也。其少女缇萦,自伤悲泣,乃随其父至长安,上书曰:妾父为吏,齐中皆称其廉平;今坐法当刑,妾伤夫死者不可复生,刑者不可复属;虽后欲改过自新,其道亡繇也。妾愿没入为官婢,以赎父刑罪,使得自新。书奏天子,天子怜悲其意,遂下令曰:制诏御史:盖闻有虞氏之时,画衣冠异章服以为戮而民弗犯,何治之至也。今法有肉刑三(孟康曰:黥,劓二;刖左右趾合一,凡三也),而奸不止,其咎安在⋯⋯《诗》曰:恺弟君子,民之父母;今人有过,教未施而刑已加焉;或欲改行为善,而道亡繇至,朕甚怜之。夫刑至断支体,刻肌肤,终身不息,何其刑之痛而不德也,岂称为民父母之意哉?其除肉刑,有以易之。

于是以"髡钳"代"黥","笞三百"代"劓","笞五百"代"斩止"。按《史记索隐》:"崔浩《汉律序》云:文帝除肉刑,而宫不易。张斐注云:以淫乱,易人族类,故不易也。"《文献通考·刑考二》马氏按语:"⋯⋯景帝元年诏,言孝文帝除宫刑,出美人,重绝人之世也。则文帝并宫刑除之。至景帝中元年,赦徒作阳陵者死罪,欲腐者许之;而武帝时,李延年、司马迁、张安世兄贺,皆坐腐刑,则是因景帝中元年之后,宫刑复用,而以施之死罪之情轻者,不常用也。"愚按自高后时即除三族罪,而文帝时新垣平谋逆,也用过三族之诛(见《汉书·刑法志》)。大概是偶一为之之事。这时候,笞者多死,景帝时,又两次减少笞数(第一次减笞三百为二百,五百为三百;第二次再减笞二百为一百,三百为二百),并定"棰"的式样,当笞者"笞臀

（如淳曰：然则先时笞背也），毋得"更人"，自是"笞者得全"。其动机都发自缇萦，缇萦可以算得我国历史上一个纪念人物了。

其二，然而秦朝的害天下，实在又在其"用法的刻深"，汉宣帝时，路温舒上奏说道（见《汉书》本传）：

> 臣闻秦有十失，其一尚存，治狱之吏是也……今治狱吏……上下相殴，以刻为明；深者获公名，平者多后患；故治狱之吏，皆欲人死；非憎人也，自安之道，在人之死。是以死人之血，流离于市；被刑之徒，比肩而立；大辟之计，岁以万数……夫人情安则乐生，痛则思死；棰楚之下，何求而不得。故囚人不胜痛，则饰辞以视之；吏治者利其然，则指道以明之；上奏畏却，则锻练而周内之。盖奏当之成虽咎繇听之，犹以为死有余辜；何则，成练者众，文致之罪明也。是以狱吏专为深刻，残贼而亡极，偷为一切，不顾国患，此世之大贼也。故俗语曰：画地为狱议不入，刻木为吏期不对。此皆疾吏之风，悲痛之辞也。

这种情形，在当时司法界已成为风气。《汉书·刑法志》说：文帝时候"断狱四百，有刑错之风"。宣帝留意刑罚，特置廷平，又"常幸宣室，斋居而决事，狱刑号为平矣"。都只是救济一时，不是个根本解决的办法。

然则根本解决的办法何在呢？那就在于"删定律令"。汉朝的法律，是沿袭自秦的，秦朝所用的，却是李悝所定的六篇之法。汉初，萧何改为九篇，叔孙通又益以律所不及，为十八篇。后来张汤又加了二十七篇。赵禹加了六篇，共为六十篇。而又有汉朝的例案随时编集起来的，谓之《令甲》《令乙》……《决事比》,大概其初苦于法文太简,不够用,于是不得不随时增加;而其增加,绝没有条理系统,以致也有互相重复的,也有互相冲突的。司法的人,就大可上下其手。《汉书·刑法志》说:"律令凡三百五十九章;大辟四百九条,千八百八十二事;死罪决事比万三千四百七十二事;文书盈于几阁,典者不能遍睹。是以郡国承用者驳,或罪同而论异;奸吏因缘为市,所欲活则傅生议,所欲陷则予死比。"因为法律太杂乱,难于使用,于是解释的人很多,到后来就也都承认它可以引用。《晋书·刑法志》说:"后人生意,各为章句。叔孙宣、郭令卿、马融、郑玄诸儒章句,十有余家,家数十万言。"再合起《正律》和《令甲》《决事比》来,就是"凡断罪所当由用者,合二万六千二百七十二条,七百七十三万二千二百余言"。简直是不可收拾了。

删定的必要,前汉时人就知道的,所以汉宣帝留心刑狱,而涿郡太守郑昌上疏,说这是一时的事,"若开后嗣,不若删定律令"。宣帝未及措置,到元帝、成帝手里,才下诏议行。班固说"有司……不能……建立明制,为一代之法;而徒钩摭微细,毛举数事,以塞诏而已"。所以到后汉时,还是错乱得那么样。直到魏文帝手里,命陈群、刘劭等删定,才定为新律十八篇(新增十三篇,旧有的六篇,废掉一篇)。晋武帝还嫌它"科网太密",再命贾充等修定,共为二十篇,于公元268年(泰始四年)颁行。是为《晋律》。我国的法律,从李悝手里具有雏形,直到这时候,才算发达完备(参看《晋书·刑法志》)。

《晋律》现已不传,然据近人余杭章氏所研究,则其单辞只义,有很文明的,转非隋唐以后的法律所及。章氏说:隋唐以后的法律,是承袭北魏的,夹杂了鲜卑法在里头。他文集中有一篇文章论这事,可以参看。

第六节　武功

秦汉之世,是我国对内统一的时代,亦是我国向外拓展的时代。中国本部的统一,完成于此时,历代开拓的规模,亦自此时定下。所以秦汉的武功,是一个亟须研究的问题。

中国的北方,紧接蒙古高原。蒙古高原是一个大草原,最适于游牧民族居住。而游牧民族性好侵略,所以历代都以防御北族为要务。三代以前,匈奴和汉族杂居黄河流域。蒙古高原大约无甚大民族。至秦朝初年,而匈奴以河南为根据地。秦始皇命蒙恬把他赶走,把河南收进来。筑长城,自临洮至辽东,延袤万余里。这长城,大约是因山川自然之势,将从前秦、赵、燕诸国所筑的长城连接起来的。其路线全与现今的长城不同。就形势推测,大约现在的热、察、绥、辽宁等省都当包括在内。秦末大乱,戍边的都自行离开。于是匈奴复入居河南。这时候,匈奴出了个人杰,便是冒顿单于。北方游牧种族,东有东胡,西有月氏,都给匈奴所击破。匈奴又北服丁令等国。其疆域,直达今西伯利亚南部。而因月氏的遁走,汉文帝时,匈奴又征服西域。于是长城以北,引弓之民,都归匈奴所制驭,俨然和中国南北对立了。汉高帝征伐匈奴,被围于平城,七日乃解。

后来用娄敬的计策，以宗室女为单于阏氏，和他和亲。这是中国历代，以结婚姻为和亲政策之始。吕后及文、景二代，都守着和亲政策。匈奴人寇，不过发兵防之而已。到武帝，才任用卫青、霍去病等，出兵征讨。先收河南之地，置朔方郡。后来又屡次出兵，渡过沙漠去攻击。匈奴自此遂弱，然而还未肯称臣。到宣帝时，匈奴内乱，五单于争立，其呼韩邪单于才入朝于汉。和呼韩邪争斗的郅支单于，逃到康居，为汉西域副校尉陈汤矫制发诸国兵所攻杀。时为公元前36年。前汉和匈奴的竞争，到此算告一段落。呼韩邪降汉后，其初对汉很恭顺。王莽时，因外交政策失宜，匈奴复叛。其时中国正值内乱，无人能去抵御，北边遂大受其害。后汉光武时，匈奴又内乱，分为南北。其南单于降汉，入居西河美稷。和帝时，大将军窦宪，出兵大破北匈奴于金微山。自此匈奴西走，辗转入于欧洲，为欧洲人种大迁移的引线。而南匈奴则成为晋时五胡之一。

历史上所用"西域"二字，其范围广狭，时有不同。其最初，则系指今天山南路。所谓"南北有大山；中央有河；东则接汉，陿以玉门、阳关，西则限以葱岭"也。汉时，分为小国三十六，其种有塞，有氐羌。大抵塞种多居国，氐羌多行国。从河西四郡开后，而汉与西域交通之孔道始开。其当南北两道的楼兰、车师，先给中国所征服。后来汉武帝又出兵，远征大宛，于是西域诸国，皆震恐愿臣。前60年，汉遂置西域都护，并护南北两道。后来又置戊己校尉，屯田车师。莽末，西域反叛。匈奴乘机威服北道。而莎车王贤，亦称霸南道。诸小国都叩玉门关，请遣子入侍，仰求中国保护。光武帝恐劳费中国，不许。

明帝时，班超以三十六人，往使西域。因诸国之兵，定诸国之乱，到底克服西域，复属于汉。直至后汉末年才绝。

羌人的居地，遍于今陇、蜀、西康、青海之境，而其居河、湟之间的，最为强悍。汉武帝时，把他打破，置护羌校尉统领他。王莽时，以其地置西海郡。莽末，乘隙内侵。后汉时，屡次发兵讨破他。至和帝时，遂复置西海郡，并夹河开列屯田，以绝其患。此后降羌散居内地的，虽然复起为患，然而河、湟之域，则已入中国的版图了。

东胡，大约是古代的山戎。汉初居地，在满、蒙之间。自为匈奴所破，乃遁保乌桓、鲜卑二山。汉武帝招致乌桓，令处上谷、右北平、渔阳、辽西、辽东五郡塞外，助汉捍御匈奴。虽亦时有小寇，大体上总是臣服中国的。鲜卑居乌桓之北，后汉时，北匈奴西徙后，其地及余众均为鲜卑所有，因此其势大张。其大人檀石槐，辖境之广，竟与匈奴盛时相仿佛。然檀石槐死后，缺乏统一的共主，声势复衰。乌桓的部落，亦颇有强盛的。后汉末年，都和袁绍相连接。袁氏败后，曹操大破之于柳城。自此乌桓之名，不复见于史，而鲜卑至晋时，亦为五胡之一。

朝鲜是殷时箕子之后。其初封地难考，大约自燕开辽东西后，遂居今朝鲜境内。和中国以水为界。秦时，侵夺其地，国界在水以东。汉初复还旧境。其时燕人卫满走出塞，请居秦所侵水以东之地。朝鲜王许之。满遂发兵袭灭朝鲜。传子至孙右渠，以公元前108年，为汉武帝所灭。以其地为四郡。其南之马韩、弁韩、辰韩，总称为三韩，亦都臣服于汉。朝鲜虽系箕子之后，然其人民则多系貊族。貊族尚有居辽东之北的。汉武帝时，其君南闾等来降，曾以其地置苍海郡，数年而罢。后汉时，今农安地方，有扶余国来通贡。大约就是南闾之族。扶余至西晋时，才为鲜卑慕容氏所灭。而其众在半岛内的，却建立高句丽、百济两国。扶余之东，又有肃慎，地在今松花江流域。这就是满族之祖。大约亦是燕开五郡时，逼逐到此的。后汉时称为挹娄。因为臣服扶余，和中国无大交涉。

南方一带，秦时所开的桂林、南海、象郡，秦亡时，龙川令赵佗据之自立，是为南越。而勾践之后无诸及摇，亦以率兵助诸侯灭秦故，汉初封无诸为闽摇王，摇为东瓯王。武帝时，闽越和东瓯相攻击，武帝发兵灭闽越，徙东瓯于江、淮间，乘势遂灭南越。所谓西南夷，则当分为两派：夜郎、滇及邛都等，为今之倮。椎结，耕田，有邑聚。其嶲、昆明及徙、筰都、冉、白马等，则均系氐羌。武帝亦皆辟其地为郡县。

第十章　两汉的文化发展

第一节　两汉对外的交通

中国人是以闭关自守著闻的。世界打成一片，是近代西洋人的事业。然则中国人的能力，不及西人了。然而闭关自守，是从政治言之。至于国民，初未尝有此倾向。其未能将世界打成一片，则因前此未尝有近代的利器，又其社会组织，与今不同，所以彼此交通不能像现代的密接。至于中国人活动的能力，则是非常之强的。如其不信，请看中国对外的交通。

中国对外的交通，由来很早。但古代，书缺有间，所以只得从两汉时代说起。两汉时代的对外交通，又当分为海陆两道。

亚洲中央的帕米尔高原是东西洋历史的界线。自此以东，为东方人种活动的范围。自此以西，为西方人种活动的范围。而天山和印度固斯山以北，地平形坦，实为两种人接触之地。当汉时，西方人种踪迹最东的。为乌孙，与月氏俱居祁连山北。

自此以西，今伊犁河流域为塞种。又其西为大宛。其西北为康居。大宛之西，妫水流域为大夏。又其西为安息。更西为条支。在亚洲之西北部的为奄蔡。自此以西，便是欧洲的罗马，当时所谓大秦了。汉通西域，是因月氏人引起的。汉初，月氏为匈奴所破，西走夺居塞种之地。后来乌孙又借兵匈奴，攻破月氏。于是月氏西南走击服大夏。汉武帝想和月氏共攻匈奴，于公元前122年，遣张骞往使。是时河西未辟，骞取道匈奴，为其所留。久之，才逃到大宛。大宛为发译传导，经康居以至大月氏。大月氏已得沃土，殊无报仇之心。张骞因此不得要领而归。然而中国和西域的交通，却自此开始了。当张骞在大夏时，曾见邛竹杖和蜀布，问他从哪里来的，大夏人说：是本国贾人，往市之身毒。于是张骞说："大夏在中国的西南一万二千里，而身毒在大夏的东南数千里，该去蜀不远了。"乃遣使从蜀去寻觅身毒。北出的为氐、筰，南出的为嶲、昆明所阻，目的没有达到。然而传闻嶲、昆明之西千余里，有乘象之国，名曰滇越。"蜀贾奸出物者或至焉。"这滇越，该是今缅甸之地。然则中印间陆路的交通，在汉代虽然阻塞，而商人和后印度半岛，则早有往还了。自汉通西域以后，亚洲诸国，都有直接的交往。唯欧洲的大秦，则尚系得诸传闻。后汉时，班超既定西域，遣部将甘英往使。甘英到条支，临大海欲度。安息西界船人对他说："海水大，往来逢善风，三月乃得渡。若遇迟风，亦有二岁者。入海人皆赍三岁粮。海中善使人思土恋慕，数有死亡者。"英乃不渡而还。公元166年，大秦王安敦遣使自日南徼外献象牙、犀角、玳瑁。《后汉书》说：这是大秦通中国之始。公元226年，又有大秦贾人，来到交趾。交趾太守吴邈，遣使送诣孙权。事见《梁书·诸夷传》。中、欧陆路相接，而其初通，却走海道。"水性使人通，山性使人塞"，也可见一斑了。

海道的贸易，则盛于交广一带。西洋史上，说在汉代日南、交趾之地，是东西洋贸易中枢。案《史记·货殖列传》说："番禺为珠玑、玳瑁、果、布之凑。"番禺，便是现在广东的首府。这些，都是后来通商的商品。然在广州的贸易，也很发达了。《汉书·地理志》说："自日南障塞、徐闻、合浦船行，可五月，有都元国。又船行，可四月，有邑卢没国。又船行，可二十余日，有谌离国。步行，可十余日，有夫甘都卢国。自夫甘都卢国船行，可二月余，有黄支国。自武帝以来，皆献见，有译长，属黄门。与应募者俱入海，市明珠、璧琉璃、奇石、异物……黄支之南，有已程不国。汉之译使，自此还矣。"徐闻、合浦，都是现在广东的县。其余国名，不可悉考。而黄支，或云即西印度的建志补罗。若然，则中、印的交通，在陆路虽然阻塞，而在海道，又久有使译往还了。又《山海经》一书，昔人视为荒唐之言。据近来的研究，则其中实含有古代的外国地理。此书所载山川之名，皆及其所祀之神，大约是方士之书。其兼载海外诸国，则因当时方士，都喜入海求神仙，所以有此记录。虽所记不甚真确，然实非子虚乌有之谈。据近来的研究，《山海经》所载的扶桑，便是现在的库页岛。三神山指日本。君子国指朝鲜。白民系在朝鲜境内的虾夷。黑齿则黑龙江以南的"鱼皮鞑子"。又有背明国，则在今堪察加半岛至白令海峡之间。果然则古代对东北，航线所至，也不可谓之近了。

交通既启，彼此的文明，自然有互相灌输的。《汉书·西域传》说：当时的西域人，本来不大会制铁，铁器的制造，都是中国人教他们的。这件事，于西域的开发，当大有关系。在中国一方面，则葡萄、苜蓿、安石榴等，都自外国输入。又木棉来自南洋，后世称为吉贝或古贝，在古时则称为橦。《蜀都赋》"布有橦华"，就是此物。《史记·货殖列传》所谓"珠玑、玳瑁、果、布"之布，也想必就是棉织品了。又《说文》："石之有光者璧也，出西胡中。"此即《汉书》的"璧琉璃"。初系矿物，后来才变为制造品。此等物，于中国的工业，也颇有关系。至于佛教的输入，则其关系之大，更无待于言了。

第二节　两汉的学术

不论什么事情，都有创业和守成的时代。创业时代，诸家并起，竞向前途，开辟新路径；到守成时代，就只是咀嚼，消化前人所已发明的东西了。两汉时代的学术，正是如此。

当战国时代，百家并起，而秦是用商鞅而强国，用李斯而得天下的。秦始皇又力主任法为治，这时候，法家之学，自然盛行。楚、汉纷争之时，纵横家颇为活跃。然而天下已定，其技即无所用之。不久，也就渐即消沉了。在汉初，最急切的要求，便是休养生息，黄老清静无为之学，当然要见重于时。所以虽有一个叔孙通，制朝仪，定法律，然而只是个庙堂上的事，至于政治主义，则自萧何、曹参，以至于文帝、景帝，都是一贯的。

但是在汉初,还有一个振兴教化、改良风俗的要求。这种要求,也是君臣上下同感其必要的。汉人教化的手段,一种是设立庠序,改善民间的风俗。一种便是改正朔、易服色等。前者始终未能实行。后者则未免迂而不切于务,而且行起来多所劳费。所以汉文帝等都谦让未遑。武帝是个好大喜功之主,什么兴辟雍、行巡守、封禅等,在他都是不惮劳费的。于是儒家之学,就于此时兴起了。

自秦人焚书以来,博士一官,在朝廷上,始终是学问家的根据地。武帝既听董仲舒的话,表彰六艺,罢黜百家。又听公孙弘的话专为通五经的博士置弟子。于是在教育、选举两途,儒家都占了优胜的位置。天下总是为学问而学问的人少,为利禄而学问的人多。于是"一经说至百万言,大师众至千余人",儒家之学遂臻于极盛了。

汉代儒家之学,后来又分为两派:便是所谓今古文,为学术界上聚讼的一个问题。何谓今古文者?今文便是秦以后通行的隶书,古文则指前此的篆书。古人学问,多由口耳相传,不必皆有书本。汉初经师,亦系如此。及其著之竹帛,自然即用当时通行的文字。这本是自然之理,无待于言,也不必别立名目的。然而后来,又有一派人,说前此经师所传的书有阙误。问其何以知之?他说:别有古书为据。古书自然是用古字写的。人家称这一派为古文家,就称此前的经师为今文家。所以今文之名,是古文既兴之后才有的。话虽如此说,然而古文家自称多得到的书,现在都没有了。其所传的经,文字和今文家所传,相异者极少,且多与意义无关。所以今古文的异同,实不在文字上而在经说上。所谓经说,则今文家大略相一致;而古文则诸家之中,自有违异的。大约今文家所守的是先师相传之说;古文家则由逐渐研究所得。所以如此。

西汉最早的经师,便是《史记·儒林传》所列八家,这都是今文。东汉分为十四博士。其中《春秋》的《谷梁》是古文。《易经》的京氏,也有古文的嫌疑。其余亦都是今文。古文家说《书》有逸十六篇,但绝无师说,所以马融、郑玄等注《书经》,亦只以伏生所传二十八篇为限。而逸十六篇,今亦已亡。礼有《逸礼》三十九篇,今亦无存。《春秋》有《左氏》,未得立。今古文之学,本来各守师传,不相搀杂。到后汉末年,郑玄出来,遍注群经。虽大体偏于古学,而于今古文无所专主,都是本于己意,择善而从。适会汉末之乱,学校废绝,经学衰歇。前此专门之家多亡。郑说几于独行。三国时,出了一个与郑玄争名的王肃。其学糅杂今古,亦与郑同。而又喜造伪书。造作《伪古文尚书》和《伪孔安国传》《孔子家语》《孔丛子》等,托于孔子之言以自重。于是今古文之别混淆。后人欲借其分别,以考见古代学术真相的,不得不重劳考证,而分别真伪,也成为一个问题。

学术之兴替,总是因于时势的。在汉代,儒学虽然独盛,然而在后汉时,贵戚专权,政治腐败,实有讲"督责之术"的必要。所以像王符、仲长统、崔实等一班人,其思想颇近于法家。后来魏武帝、诸葛亮,也都是用法家之学致治的。在思想上,则有王充,著《论衡》一书,极能破除迷信和驳斥世俗的议论却不专谈政治。这是其所研究的对象有异。至其论事的精神,则仍是法家综核名实的方法，不过推而广之，及于政治以外罢了。

在汉代，史学亦颇称发达。古代史官所记，可分为记事、记言两体。现今所传的《尚书》是记言体，《春秋》是记事体。又有一种《帝系》及《世本》，专记天子、诸侯、卿大夫的世系的，这大约是《周官·小史》所职。《左氏》《国语》，大约是《尚书》的支流余裔。此外便是私家的记录和民间的传说了。在当时，是只有国别史，而没有世界史；只有片段的记载，而没有贯串古今的通史的。孔子因《鲁史》修《春秋》，兼及各国的事，似乎有世界史的规模，然而仍只限于一时代。到汉时，司马谈、迁父子，才合古今的史料，而著成《太史公书》。这才是包括古今的、全国的历史。在当日，即可称为世界史了。《太史公书》，分本纪、世家、列传、书、表五体。后人去其世家，而改书之名为志，所以称此体的历史，为"表志纪传体"。班固便是用此体以修《汉书》的。但其所载，以前汉一朝为限，于是"通史体"变为"断代体"了。兼详制度和一人的始末，自以表志纪传体为佳；而通览一时代的大势，则实以编年体为便。所以后汉末年，又有荀悦因班固之书而作《汉纪》。从此以后，编年和表志纪传两体，颇有并称正史的趋势。

文学：在古代本是韵文先发达的。春秋战国时，可称为散文发达的时代。秦及汉初，还继续着这个趋势。其时如贾、晁、董、司马、匡、刘等，都以散文见长。司马相如、东方朔、枚皋等，则别擅长于辞赋。西汉末年，做文章的，渐求句调的整齐，词类的美丽，遂开东汉以后骈文的先声。诗则古代三百篇，本可入乐。汉代雅乐渐亡，而吟诵的声调亦变。于是四言改为五言。

而武帝立新声乐府,采赵、代、秦、楚之讴,命李延年协其律,司马相如等为之词。其后文学家亦有按其音调,制成作品的,于是又开出乐府一体。

第三节　佛教和道教

在中国社会上,向来儒、释、道并称为三教。儒本是一种学术,因在上者竭力提倡,信从者众,才略带宗教的权威。道则是方士的变相。后来虽模仿佛教,实非其本来面目。二者都可说是中国所固有,只有佛教是外来的。

佛教的输入,据《魏书·释老志》,可分为三期:(一)匈奴浑邪王之降,中国得其金人,为佛教流通之渐。(二)哀帝元寿元年,即公元前2年,博士弟子秦景宪,受大月氏使伊存口授浮屠经。(三)后汉明帝,梦见金人,以问群臣。傅毅以佛对。于是遣郎中蔡愔和秦景宪使西域,带着两个和尚和佛教的经典东来。乃建寺于洛阳,名之为白马。案金人乃西域人所奉祀的天神,不必定是佛像。博士弟子,从一外国使者口授经典,也是无甚关系的。帝王遣使迎奉,归而建寺,其关系却重大了。所以向来都说汉明帝时,佛法始入中国。然而楚王英乃明帝之兄。《后汉书》已说其为浮屠斋戒祭祀。明帝永平八年,即公元65年,诏天下死罪,皆入缣赎,英亦遣使奉缣诣国相。诏报曰:"楚王诵黄老之微言,尚浮屠之仁慈,洁斋三日,与神为誓,何嫌何疑,当有悔吝。其还赎,以助伊蒲塞,桑门之盛馔。"当明帝时，楚王业已如此信奉，其输入，必远在明帝以前。梁启超《佛教之初输入》，考得明帝梦见金人之说，出于王浮的《老子化胡经》，浮乃一妖妄道士，其说殊不足信。然则佛教之输入，恐尚较耶稣纪元时为早。大约中国和西域有交通之后，佛教随时有输入的可能。但在现在，还没有正确的史实可考罢了。这时候，输入的佛教，大约连小乘都够不上。所以和当时所谓黄老者，关系很密。黄老，本亦是一种学术之称。指黄帝、老子而言，即九流中道家之学。但此时的黄老，则并非如此。《后汉书·陈憨王宠传》说国相师迁，追奏前相魏愔，与宠共祭天神，希冀非幸，罪至不道。而魏愔则奏与"王共祭黄老君，求长生福而已，无他冀幸"。此所谓黄老君，正是楚王英所奉的黄老。又《桓帝纪》：延熹九年，祠黄老于濯龙宫。而《襄楷传》载楷上书桓帝，说"闻宫中立黄老、浮屠之祠"，则桓帝亦是二者并奉的。再看《皇甫嵩传》，说张角奉祠黄老道。《三国志·张鲁传注》引《典略》，说张修之法，略与张角同。又说张修使人为奸令祭酒，主以《老子》五千文使都习，则此时所谓黄老，其内容如何，就可想而知了。

黄老为什么会变成一种迷信，而且和浮屠发生关系呢？原来张角、张修之徒，本是方士的流亚。所谓方士，起源甚早。当战国时，齐威、宣，燕昭王，已经迷信他。后来秦始皇、汉武帝，迷信更甚。方士的宗旨，在求长生，而其说则托之黄帝。这个读《史记·封禅书》《汉书·郊祀志》可见。不死本是人之所欲，所以"世主皆甘心焉"。然而天下事真只是真，假只是假。求三神山、炼奇药，安有效验可睹？到后来，汉武帝也明白了，喟然而叹曰:"世安有神仙。"至此,《史记》所谓"怪迂之士""阿谀苟合"之技,就无所用之了。乃一转而蛊惑愚民。这是后来张角、张修等一派。其余波,则蔓延于诸侯王之间,楚王和陈王所信奉的,大约就是他了。秦皇、汉武的求神仙,劳费很大,断不是诸侯之国,所能供给得起的;人民更不必论了。于是将寻三神山、筑宫馆、炼奇药等事,一概置诸不提。而专致力于祠祭。在民间,则并此而不必,而所求者,不过五斗米。神仙家,《汉志》本和医经经方,同列于方技。不死之药,虽是骗人,医学大概是有些懂得的。于是更加上一个符水治病。当社会骚扰,人心不安定之时,其诱惑之力,自然"匪夷所思"了。

佛教初输入时,或只输入其仪式,而未曾输入其教义;或更与西域别种宗教夹杂,迷信的色彩很深。所以两者的混合,甚为容易。

然则为什么要拉着一个老子呢?这大约是因黄帝而波及的。黄帝这个人,在历史上,是个很大的偶像。不论什么事,都依托他。然而黄帝是没有书的。依托之既久,或者因宗教的仪式上,须有辞以资讽诵;或者在教义上,须有古人之言,以资附会。因黄老两字,向来连称;而黄老之学,向来算作一家言的,劝迷信黄帝的人,诵习《老子》,他一定易于领受。这是张修所以使人诵习《五千文》的理由。楚王英诵黄老之微言,所诵者,恐亦不外乎此。"久假而不归,恶知其非有?"当初因黄帝而及老子,意虽但在于利用其辞,以资讽诵,但习之久,难保自己亦要受其感化。况且至魏晋之际,玄学盛行,《老子》变为社会上的流行品。所谓方士,虽然有一派像葛洪等,依然专心于修炼、符咒、服食，不讲哲理；又有一派如孙恩等，专事煽惑愚民，不谈学问。然而总有一派和士大夫接近，要想略借哲理，以自文饰的。其所依附，自然仍以《老子》为最便。于是所谓老子，遂渐渐地取得两种资格：一是九流中道家之学的巨子。一是所谓儒、释、道三教中道教的教主。然而其在南方，总还不过是一个古代的哲学家，教主的资格，总还不十分完满。直到公元四世纪中，魏太武帝因崔浩之言，把寇谦之迎接到洛阳，请他升坛作法，替他布告天下，然后所谓道教，真个成为一种宗教，而与儒、释鼎足而三了。这怕是秦汉时的方士，始愿不及此的。

第四节　两汉的社会

汉承秦之后，秦代则是紧接着战国的。战国时代，封建的努力，破坏未尽，而商业资本，又已抬头，在前编业已说过了。在汉时，还是继续着这个趋势。

《史记·平准书》上，说汉武帝时的富庶，是：

> 非遇水旱之灾，民则人给家足，都鄙廪庾皆满，而府库余货财。京师之钱累巨万，贯朽而不可校。太仓之粟，陈陈相因，充溢露积于外，至腐败不可食。众庶街巷有马，阡陌之间成群。而乘字牝者，而不得聚会。守闾阎者食粱肉；为吏者长子孙；居官者以为姓号。故人人自爱而重犯法，先行义而后绌耻辱焉。

富庶如此，宜乎人人自乐其生了。然而又说："网疏而民富，役财骄溢，或至兼并。"果真人给家足，谁能兼并人？又谁愿受人的兼并？可见当时的富庶，只是财富总量有所增加，而其分配的不平均如故。所以汉代的人，提起当时的民生来，都是疾首蹙额。

这样严重的社会问题，悬而待决，卒至酿成新莽时的变乱，已见前说。莽末乱后，地权或可暂时平均。因为有许多大地主，业已丧失其土地了。然而经济的组织不改，总是不转瞬便要回复故态的。所以仲长统的《昌言》上又说：

> 井田之变，豪人货殖，馆舍布于州郡，田亩连于方国。
> 豪人之室，连栋数百。膏田满野。奴婢千群，徒附万计。船车贾贩，周于四方。废居积贮，满于都城。

可见土地和资本，都为少数人所占有了。我们观此，才知道后汉末年的大乱，政治而外，别有其深刻的原因。

汉去封建之世近，加以经济上的不平等，所以奴婢之数极多，奴婢有官有私。官奴婢是犯罪没入的。私奴婢则因贫而卖买。当时两者之数皆甚多。卓王孙、程郑，都是以此起家的。所以《史记·货殖列传》说："童手指千"，则比千乘之家。甚而政府亦因以为利。如晁错劝文帝募民入丁奴婢赎罪，及输奴婢以拜爵。武帝募民入奴，得以终身复，为郎者增秩。又遣官治郡国算缗之狱，得民奴婢以千万数。前后汉之间，天下大乱，人民穷困，奴婢之数，更因之而增多。光武帝一朝，用极严的命令去免除它。然而奴婢的原因不除去，究能收效几何，也是很可疑惑的。

因去封建之世近，所以宗法和阶级的思想，很为浓厚。大概汉代家庭中，父权很重。在伦理上，则很有以一孝字，包括一切的观念。汉儒说孔子"志在《春秋》，行在《孝经》"，在诸经之传中，对于《孝经》和《论语》，特别看重。就是这个道理。在政治上，则对于地方官吏，还沿袭封建时代对于诸侯的观念。服官州郡的，称其官署为本朝。长官死，僚属都为之持服。

曹操、张超的争执，在我们看来，不过是军阀的相争；而臧洪因袁绍不肯救张超，至于举兵相抗，终以身殉，当时的人，都同声称为义士。然而汉朝人也有汉朝人的好处。因其去古近，所以有封建时代之士，一种慷慨之风。和后世的人，唯利是视，全都化成汉人所谓商贾者不同。汉代之士，让爵让产的极多，这便是封建时代，轻财仗义的美德。

其人大抵重名而轻利，好为奇节高行。后汉时代的党锢，便是因此酿成的。至于武士，尤有慷慨殉国之风。司马相如说：当时北边的武士，"闻烽举燧燔"，都"摄弓而驰，荷戈而走，流汗相属，唯恐居后"。这或许是激励巴蜀人，过当的话，然而当时的武士，奋不顾身的气概，确是有的。我们只要看前汉的李广，恂恂得士，终身无他嗜好，只以较射赴敌为乐，到垂老，还慷慨，愿身当单于。其孙李陵，更能"事亲孝，与士信，临财廉，取与义。分别有让，恭俭下人。常思奋不顾身，以徇国家之急"。司马迁说他有"国士之风"，真个不愧。他手下的士卒五千，能以步行绝漠，亦是从古所无之事。这都由于这些"荆楚勇士，奇才剑客"，素质佳良而然。可见当时不论南北人民，都有尚武的风气，所以后汉时，班超能以三十六人，立功绝域。一个英雄的显名，总借无数无名英雄的衬托。我们观于汉代的往事，真不能不神往了。

因武士的风气还在，所以游侠也特盛。游侠，大约是封建时代的"士"。封建制度破坏后，士之性质近乎文的则为儒，近乎武的则为侠。孔子设教，大约是就儒之社会，加以感化，墨子设教，则就侠的徒党，加以改良。所以古人以儒墨并称，亦以儒侠对举。墨者的教义，是舍身救世，以自苦为极的。这种教义，固然很好，然而绝非大多数人所能行。所以距墨子稍远，而其风即衰息。《史记·游侠列传》所谓侠者，则"已诺必诚；不爱其躯，以赴士之阨困；既已存亡死生矣，而不矜其能，羞伐其德"，仍回复其武士的气概。然而生活总是最紧要的问题。此等武士，在生产上，总是落伍的，既已连群结党，成为一种势力，自不免要借此以谋生活。于是就有司马迁所谓"盗跖之居民间者"。仁侠之风渐衰，政治上就不免要加以惩艾；人民对他，亦不免有恶感。而后起的侠者，就不免渐渐地软化了。